U0493002

法|学|研|究|文|丛
——刑事诉讼法学——

毒树之果规则研究

张鸿绪 著

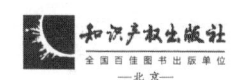

知识产权出版社
全国百佳图书出版单位
—北京—

图书在版编目（CIP）数据

毒树之果规则研究/张鸿绪著.—北京：知识产权出版社，2022.7
ISBN 978-7-5130-8174-0

Ⅰ.①毒… Ⅱ.①张… Ⅲ.①刑事诉讼—证据—收集—研究—中国 Ⅳ.①D925.213.4

中国版本图书馆 CIP 数据核字（2022）第 084007 号

责任编辑：邓　莹	责任校对：谷　洋
封面设计：智兴设计室	责任印制：刘译文

毒树之果规则研究
张鸿绪　著

出版发行：知识产权出版社有限责任公司	网　　址：http://www.ipph.cn
社　　址：北京市海淀区气象路 50 号院	邮　　编：100081
责编电话：010-82000860 转 8346	责编邮箱：dengying@cnipr.com
发行电话：010-82000860 转 8101/8102	发行传真：010-82000893/82005070/82000270
印　　刷：天津嘉恒印务有限公司	经　　销：新华书店、各大网上书店及相关专业书店
开　　本：880mm×1230mm　1/32	印　　张：7.25
版　　次：2022 年 7 月第 1 版	印　　次：2022 年 7 月第 1 次印刷
字　　数：160 千字	定　　价：46.00 元
ISBN 978-7-5130-8174-0	

出版权专有　侵权必究
如有印装质量问题，本社负责调换。

自 序

司法实践表明,"毒树之果"在不同法系国家的刑事诉讼活动中均普遍存在,因此,应当如何对"毒树之果"的可采性进行审查认定成为各国刑事诉讼制度改革进程中不容忽视的重要问题。毒树之果规则最早起源于美国,并且在实践中经历了三个发展阶段,该规则的确立及实施,一方面为裁判者处理"毒树之果"类证据提供了审查标准和裁判依据;另一方面通过剥夺经由先前非法取证行为所获取的间接利益——"毒树之果",从而充分发挥证据排除规则的威慑效果,在源头上倒逼取证行为走上法治正轨。

从域外各国的情况来看,由于价值观念、文化传统、刑事政策以及诉讼制度等诸多因素存在差异,因此,不同国家对毒树之果规则的借鉴方式以及程度也有所不同,但是总体而言,借鉴毒树之果规则的有益成分并对本国刑事诉讼制度进行改造，已经成为各国刑事诉讼制度改革发展的必然趋势。如德国的证据使用禁止制度、法国的自由裁量制度等，均在不同程度上借鉴、吸收了毒树之果规则的重要内容。相较而言，在立法层面，我国关于毒树之果规则的规定尚属空白，而司法实践中对于"毒树之果"的可采性问题，往往运用非法证据排除规则进行审查认定。事实上，非法证据排除规则并不等同于毒树之果规则，这种"替代式"的处理思路及路径存在两个方面的问题。第一，混淆了"毒树之果"与基于非法取证行为所直接获取的非法证据二者之间的区别。尽管同属于非法证据，但是经过对比分析不难发现，二者在证据特点、获取方式等方面存在较大差异，而这种差异性直接导致对证据的审查认定标准各有不同。第二，混淆了毒树之果规则与非法证据排除规则二者之间的区别。客观而言，毒树之果规则与非法证据排除规则二者的适用对象并不相同，前者适用于"毒树之果"，后者适用于一般的非法证据，在忽略"毒树之果"本身所具有的特点的情况下，针对"毒树之果"和一般的非法证据统一运用非法证据排除规则对其可采性进行审查认定，很难实现对"毒树之果"可采性的认定效果。

值得注意的是，随着理论界及司法实务部门对"毒树之果"与一般的非法证据二者之间差异性的认识，特别是随着我国刑事诉讼司法理念的转变、以审判为中心的刑事诉讼制度改革的深入推进，以及对非法取证行为源头性治理的突出强调，如何对经由先前非法取证行为间接获取的证据（"毒树之果"）之可采性进行审查认定必然成为立法层面关注的焦点，换言之，构建毒树之果规则将成为我国法治进程中不断完善刑事诉讼制度的重要一环。本书以毒树之果规则为研究对象,围绕其基本理论、域外司法实践情况以及我国构建毒树之果规则的必要性和构建模式等问题进行讨论,以期为构建毒树之果规则的中国方案奠定重要基础。

目录

CONTENTS

导　论 ‖ 001
　　第一节　毒树之果规则的主题引入 / 001
　　第二节　研究意义 / 003
　　第三节　研究现状 / 006
　　第四节　研究方法 / 018

第一章　毒树之果规则的历史源流 ‖ 020
　　第一节　源起判例：西夫索恩案 / 020
　　第二节　确立判例：纳顿案 / 024

第二章　毒树之果规则的法理之探 ‖ 030
　　第一节　"毒树"的内核述评 / 030
　　第二节　"毒树之果"的实质解读 / 038
　　第三节　毒树之果规则的本体思辨 / 056

第三章　毒树之果规则的他山之石　‖ 078
第一节　大相径庭的普通法系国家 / 080
第二节　和而不同的大陆法系国家 / 104

第四章　毒树之果规则的借鉴之考　‖ 120
第一节　毒树之果规则的适用要求 / 120
第二节　毒树之果规则应否确立之争 / 123
第三节　构建毒树之果规则的必要性 / 127
第四节　我国刑事司法环境的转变 / 135
第五节　探索毒树之果规则的试点性实践 / 146

第五章　毒树之果规则的中国方案　‖ 148
第一节　毒树之果规则的构建模式 / 148
第二节　"毒树之果"的排除程序 / 152
第三节　"毒树之果"的证明 / 163
第四节　毒树之果规则的救济措施 / 171

第六章　毒树之果规则的制度保障　‖ 179
第一节　完善取证过程制度 / 180
第二节　完善证据制度 / 189
第三节　完善程序制裁机制 / 200

第七章　毒树之果规则的前景展望　‖ 206
第一节　毒树之果规则在司法实践中可能遇到的瓶颈 / 207
第二节　构建毒树之果规则将成为必然趋势 / 214

参考文献　‖ 216

导　论

第一节　毒树之果规则的主题引入

在刑事诉讼活动中，证据的重要性不言而喻，任何证明活动都离不开证据，证据是查明案件事实的中介，也是裁判者认定案件事实的重要依据。当然，证据能否发挥其应有价值，这与其收集程序密切相关。换言之，只有取证手段规范、合法，由此所收集的证据才具有可采性，才能够进入诉讼的"大门"，从而对案件事实的认定发挥重要作用。不过，实践表明，完全寄希望于取证主体自身主动依法取证只是一种理想状态，为实现诉讼目的，其有时不惜采取非法手段获取证据，而这种非法取证行为不仅直接侵犯了被取证对象的合法权益，也可能损害司法公正。因此，需要运用证据规则对取证活动予以规范。

通常而言，证据规则就是规范某证据材料是否具有可采性的规则，其贯穿于刑事诉讼活动的始终，一旦取证行为违反了证据规则的规定，则由此而获取的证据即失去可采性。由此可见，证据规则的功能主要表现在两个方面：一是规范取证行为；二是为裁判者审查认定证据提供了标准和依据。而作为证据规则的重要组成部分，非法证据排除规则在规范并遏制非法取证行为方面发挥着重要作用。不过我们也应当看到，非法证据排除规则的适用范围（或调整对象）也存在局限性，其一般只适用于基于非法取证行为直接收集的非法证据，而对于个案中出现的以非法证据的内容为线索继而又合法收集的其他证据（"毒树之果"），则难以有效通过非法证据排除规则进行认定，而对于"毒树之果"的可采性如果不加以规范，任由其作为证据使用，则无疑会变相"鼓励"取证主体实施非法取证行为。原因在于，如果仅排除基于非法取证行为直接收集的非法证据而采纳"毒树之果"，那么取证主体往往会将先前非法证据的收集作为进一步获取其他证据的手段行为，通过这种方式其仍然可以实现诉讼目的，此时，非法证据排除规则的威慑效果将会大打折扣。

为有效弥补非法证据排除规则的上述不足，美国联邦最高法院通过判例确立了毒树之果规则，详言之，对于"毒树之果"，除非符合例外情况，否则"毒树之果"原则上应当予以排除。在美国毒树之果规则的影响下，其他国家也在不同程度上对本国的证据制度进行改造。就我国而言，立法上对于"毒树之果"的可采性问题并未予以明确回应，以致于司法实践中一些"毒树之果"类证据材料可以畅通无阻地进入诉讼程序作为证据使用，甚至成为定案根据，由此造成的后果是：非法证据排除规则被恶意架空，非法取证行为难以得到有效遏制。

为彻底遏制非法取证行为，时下在我国全面深化司法改革、推进以审判为中心刑事诉讼制度改革的大背景下，除了进一步完善非法证据排除规则本身之不足，还需要科学借鉴并合理构建符合我国司法实际的毒树之果规则。在此情况下，本书选取"毒树之果规则"作为研究主题，在对域外毒树之果规则相关情况进行分析的基础上，立足于司法实际，以期为我国科学构建毒树之果规则奠定重要基础。

第二节 研究意义

一、提炼毒树之果规则的核心理论

自1920年西夫索恩（Silverthorne）案产生毒树之果规则的思想基础，到1939年纳顿（Nardone）案正式确立该规则，再到延伸确立三项例外规定，经过数十年的实践，毒树之果规则已经形成较为成熟的理论体系，并且在司法活动中发挥重要作用。众所周知，美国是判例法国家，在这样一种司法制度之下，毒树之果规则的理论内涵主要显见于司法判例之中，往往表现为法官对其他判决文书观点的引用以及自己对相关内容的阐释，如在纳顿案中，大法官即引用了西夫索恩案中的内容，认为"法律规定禁止以某种特定方式获取证据的本质在于，由此获得的证据不仅不能在法庭上使用，而且其根本就不能用"，[1] 并以此作为确立毒树之果规则的重要基础。由此可见，在判例法国

---

[1] Silverthorne Lumber Co., Inc. v. United States, 251 U. S. 385 (1920).

家，法官对案件享有充分的解释空间，而且解释方式的"灵活性"为阐释毒树之果规则的基础理论提供了便利条件。当然，其不足之处也较为明显，主要表现在理论阐释缺乏系统性、体系性。

客观而言，立足于美国的司法环境，缺失这种系统性无足轻重，法官可以基于自己的理解对毒树之果规则的基础理论进行阐释。但是如果脱离了美国的司法实际，该项规则之基础理论是否体系完备显得尤为重要，因为这不仅涉及其他国家对毒树之果规则的准确理解，而且关涉对该规则的借鉴和移植等问题。就我国而言，从现有研究资料来看，国内学者对于毒树之果规则基础理论的研究主要体现为两方面特点：一是对毒树之果规则基础理论的研究缺乏系统性、全面性，多是针对毒树之果规则某一类或某几类问题展开研究，如有学者对"毒树之果"的种类及其例外情况进行研究，[1] 又如有学者对排除"毒树之果"的价值基础问题进行研究[2]；二是毒树之果规则的基础理论存在纷争，特别是对于何谓"毒树""毒树之果"等基础性概念的界定尚未达成统一意见，一定程度上影响了立法决策以及司法实践。

总体而言，通过对毒树之果规则基础理论的深入研究，并在此基础上提炼相关核心理论，有助于准确理解和把握毒树之果规则。

---

[1] 杨宇冠："'毒树之果'理论在美国的运用"，载《人民检察》2002年第7期。
[2] 孙长春、张国琨："非法证据排除规则的价值冲突——兼谈'毒树之果'的效益价值"，载《职大学报》2004年第4期。

二、助推毒树之果规则的借鉴步伐

实践表明,"毒树之果"类证据在我国刑事诉讼活动中较为常见,而且在排除先前非法证据❶的情况下,"毒树之果"依然可以成为法官认定案件事实的关键性证据。此时,由于"毒树之果"可以作为证据使用,取证主体仍然可以实现其诉讼目的,在此情况下,排除先前非法证据事实上并未对非法取证行为产生多大震慑作用。之所以出现这种现象:一方面,这与我国尚未构建毒树之果规则不无关系,具言之,由于缺乏对"毒树之果"可采性进行审查,造成原本属于非法证据的"毒树之果"在诉讼活动中往往成为定案根据;另一方面,这与我国非法证据排除规则不尽完善也存在一定关系。从收集程序来看,获取"毒树之果"必须以先前非法证据提供的线索为基础,而在先前非法证据难以彻底排除的情况下,讨论"毒树之果"可采性问题往往会被认为天方夜谭。

不过,随着2010年"两个证据规定"的颁布实施以及其他一系列关于排除非法证据相关法律规范的出台,如2013年颁布的《最高人民法院关于建立健全防范冤假错案工作机制的意见》(法发〔2013〕11号)、2017年由"两高三部"联合颁布的《关于办理刑事案件严格排除非法证据若干问题的规定》等,可以说我国非法证据排除规则已经日臻完善。在此背景下,伴随

---

❶ 所谓先前非法证据,是指基于非法取证行为而直接收集的非法证据。相较于"毒树之果",由于此类证据收集时间在先,且与"毒树之果"存在差异,为区别于"毒树之果",故此将其称为"先前非法证据"。

着基于非法取证行为（如刑讯逼供、暴力取证等）直接收集的非法证据之可采性问题的解决，随之而来亟待解决的问题即是"毒树之果"的可采性，这些证据以先前非法证据提供的线索为基础，继而又通过合法方式获取，如果不予以排除，则非法证据排除规则的预期效用便有可能会付诸东流，而如果需要排除"毒树之果"，那么立足于司法实际，我们应当以什么标准对"毒树之果"的可采性进行审查认定？排除主体、排除程序以及救济途径等又应当如何？

综上所述，借鉴并科学构建毒树之果规则已经迫在眉睫。本书在对我国司法实践情况进行深入分析的基础上，对构建毒树之果规则过程中所涉及的审查认定标准、适用程序、救济程序以及制度保障等问题作了深入讨论，以期为构建我国毒树之果规则奠定理论基础。

第三节　研究现状

在我国，关于毒树之果规则的理论研究主要涉及以下四个方面的内容。

一、"毒树"的界定

相较于一般的非法证据，❶"毒树之果"的收集程序较为复

---

❶ 即通过实施非法取证行为所直接获取的非法证据。

杂，不仅涉及非法取证行为和合法取证行为的交叉使用，而且在此过程中还存在两种证据，即"一般的非法证据"和"毒树之果"。因此，对于"毒树"以及"毒树之果"的界定往往成为学界讨论较多且争议较大的问题。综合观之，学界对于"毒树"的界定主要存在三种学说，并且在不同学说的基础上，对于何谓"毒树之果"也存在较为激烈的争议。

首先，"行为说"。一些学者认为，"毒树"本身不是证据，而是一种行为，即非法取证行为。如美国学者约翰·W. 斯特龙（John W. Strong）认为，如果被告人证明了一个违反联邦宪法第四修正案的行为（"毒树"），并且在该行为基础上获得了证据（"毒树的果实"），则该证据应当予以排除。❶ 何家弘教授指出，如果执法人员在办案过程中违反米兰达规则，则该口供不得作为证据使用。其中，执法人员的非法讯问行为即为"毒树"，而由此获得的供述即为"毒树之果"。❷ 陈瑞华教授认为，"非法取证行为是有毒之树"。❸ 郭志媛教授也认为，毒树就是指非法行为，包括非法搜查、扣押以及非法讯问程序。❹

不难发现，在获取"毒树之果"的整个过程中，先前非法取证行为确实发挥着基础性作用，如果没有先前非法取证行为，则"毒树之果"也将无法收集。由此可见，"行为说"将"毒

---

❶ [美]约翰·W. 斯特龙主编，汤维建等译：《麦考密克论证据》，中国政法大学出版社2004年版，第341页。
❷ 何家弘：《毒树之果——美国刑事司法随笔》，中国人民公安大学出版社1996年版，第227-228页。
❸ 陈瑞华："非法证据排除规则的理论解读"，载《证据科学》2010年第5期。
❹ 郭志媛：《刑事证据可采性研究》，中国政法大学2003年博士论文。

树"界定为非法取证行为具有一定合理性。不过，在支持"行为说"学者的内部，对于如何界定"毒树之果"又引发了诸多争议。一种观点认为，在非法取证行为基础之上所收集的所有证据（包括直接收集的非法证据和间接收集的非法证据）都属于"毒树之果"。如何家弘教授认为，"'毒树'与其'果实'之间的关系可以是直接的也可以是间接的。换言之，毒树的果实是毒树之果，毒树的果实的果实也是毒树之果"。❶ 刘宪权教授认为，非法取证行为即是有毒的树，而在此基础上所获取的证据就是生长出来的果实。❷ 陈瑞华教授认为，通过采取违宪行为所获取的证据，不管是直接取得还是间接取得，由于受到了"污染"，因此都应当属于"毒树结出的果实"。❸ 相较而言，另一种观点则认为，通过非法取证行为直接获取的证据并不是"毒树之果"，而只有间接收集的证据才应当属于"毒树之果"。如郭志媛教授认为，通过非法取证行为所派生出来的证据才属于毒树之果。❹ 万毅教授以违法诱惑侦查行为收集的证据为例，指出"违法诱惑侦查行为与其所收集的证据材料之间是一种典型的间接因果关系，其所获证据应属'毒树之果'"。❺

由此可见，尽管"行为说"对"毒树"的界定提供了一种路径，但是又不可避免地诱发了界定"毒树之果"问题的争论。

---

❶ 何家弘：《毒树之果》，大众文艺出版社2003年版，第175页。
❷ 刘宪权："克减冤假错案应当遵循的三个原则"，载《法学》2013年第5期。
❸ 陈瑞华：《比较刑事诉讼法》，中国人民大学出版社2010年版，第108页。
❹ 郭志媛：《刑事证据可采性研究》，中国政法大学2003年博士论文。
❺ 万毅："关键词解读：非法实物证据排除规则的解释与适用"，载《四川大学学报》（哲学社会科学版）2014年第3期。

其次,"证据说"。一些学者认为,"毒树"就是通过非法取证行为直接收集的证据,因为该非法证据为收集其他证据提供了线索,因此属于"毒树"。如汪建成教授以证据收集方法是否合法为标准,认为通过非法方法直接获取的证据就是"毒树"。❶ 齐树洁教授指出,基于非法取证行为获取的证据即是"毒树",在该证据资料基础上又收集的其他证据即为"毒树之果"。❷ 田文昌教授认为,如果在违法取证过程中又发现另一重大证据,则前一证据由于非法取得而应当称之"毒树"。❸ 王兆鹏教授在阐述"毒树之果"的含义时指出,非法(直接)取得之证据就是"毒树"。❹ 台湾学者林玉雄教授认为,如果将违法取证行为比作"毒药",那么原始证据就是"毒树",而继续收集的衍生证据则为"毒果"。❺ 此外,樊崇义教授在其主编的《刑事证据规则研究》一书中直接指出,"毒树"就是非法证据。❻ 傅宽芝教授也认为,违法收集的刑事证据就是"毒树。"❼

应当看到,"证据说"认为"毒树之果"与一般非法证据均具有证据属性,并且指出二者并非同一概念,不能相互混淆,

---

❶ 汪建成:"中国需要什么样的非法证据排除规则",载《环球法律评论》2006年第5期。
❷ 齐树洁:"英国刑事证据制度的新发展",载《河南司法警官职业学院学报》2003年第1期。
❸ 田文昌:"走马观花欧洲行——欧洲六国证据立法和司法制度考察随笔",载《中国律师》2001年第6期。
❹ 王兆鹏:《新刑诉·新思维》,中国检察出版社2016年版,第23-24页。
❺ 林玉雄:《干预处分与刑事证据》,北京大学出版社2010年版,第218页。
❻ 樊崇义主编:《刑事证据规则研究》,中国人民公安大学出版社2014年版,第269页。
❼ 傅宽芝:"违法证据的排除与防范比较研究",载《外国法译评》1997年第1期。

只有基于非法取证行为直接收集的证据才应当属于"毒树",而以非法证据为基础进而又获取的其他证据即为"毒树之果"。由此可见,"证据说"不仅有效区分了一般非法证据与"毒树之果"的关系,还有助于准确认定"毒树之果"。

最后,"综合说"。一些学者认为,"毒树"不仅包括非法取证行为,也包括通过非法取证行为直接收集的非法证据。如汪海燕教授认为,"毒树"不仅包括言词证据、实物证据,还有可能包括行为(如非法逮捕)。❶ 此外,杨宇冠教授认为,"毒树之果"既可以是基于非法取证行为间接获取的证据,也可以是以非法证据为线索而获取的其他证据。❷ 由此可知,通过运用"毒树之果"寻根,"毒树"既包括非法取证行为,也包括非法证据。

事实上,"综合说"对"行为说"和"证据说"进行了调和,该学说以"毒树之果"作为标准反向界定"毒树",认为所有对获取"毒树之果"能够发挥作用的非法取证行为和非法证据均是"毒树"。尽管该学说具备一定合理性,但是也存在不足,主要表现为"毒树"界定的范围过于宽广,容易造成在认定"毒树"时发生混乱。

二、"毒树之果"的界定

在取证方式上,尽管先前非法证据经由非法取证行为获取,

---

❶ 汪海燕:"论美国毒树之果原则——兼论对我国刑事证据立法的启示",载《比较法研究》2002年第1期。

❷ 杨宇冠:"'毒树之果'理论在美国的运用",载《人民检察》2002年第7期。

但是直接获取"毒树之果"的取证行为往往表现为合法行为，这一特点恰恰是"毒树之果"区别于其他非法证据的关键所在。也正是基于此，"毒树之果"的定性问题在学界引发了广泛讨论。

一种观点认为，"毒树之果"属于合法证据。如樊崇义教授在其主编的《刑事证据规则研究》一书中提出，"毒树"是以非法手段而取得，属于非法证据；但是"毒树之果"不属于非法证据。因为我国非法证据具有特定含义，是指那些通过采取非法手段所收集的证据，而就"毒树之果"的收集程序来看，侦查人员的取证行为是合法的，因此，"毒树之果"属于合法证据。❶又如张红玲老师在《刑事诉讼非法证据排除规则之构想》一文中指出，获取衍生证据（"毒树之果"）的线索虽然具有非法性，但是不影响衍生证据本身的真实性、关联性和合法性。❷此外，汪建成教授在《中国需要什么样的非法证据排除规则》一文中认为，非法证据是以侵犯（宪法赋予）公民的基本权利的方法收集的证据，而"毒树之果"是通过合法方式收集的，并未侵犯被取证对象的基本权利。❸

另一种观点认为，"毒树之果"属于非法证据。如下建林教授在谈及我国应否排除"毒树之果"时指出，如果在确立非法

---

❶ 樊崇义主编：《刑事证据规则研究》，中国人民公安大学出版社2014年版，第271页。
❷ 张红玲："刑事诉讼非法证据排除规则之构想"，载《中央政法管理干部学院学报》2001年第5期。
❸ 汪建成："中国需要什么样的非法证据排除规则"，载《环球法律评论》2006年第5期。

证据排除规则的同时却允许非法证据以合法的形式存在，则有违程序正义。❶ 陈瑞华教授认为，非法取证行为是有毒之树，非法证据就是有毒之树结出的果实。❷ 陈卫东、李奋飞教授在《论侦查权的司法控制》一文中论及域外非法证据排除情况时指出，英国并不排除"毒树之果"，❸ 其言外之意认为"毒树之果"也属于非法证据，只不过在英国一般予以采纳。刘宪权教授提出，非法取证行为如同有毒的树，而在此基础上收集的证据则是"毒树之果"，由于受到了非法取证行为的"污染"，因此，只有将作为非法证据的"毒树之果"和"毒树"一同抛弃，才能防止"毒树"的再生。❹

笔者认为，通过对上述观点进行梳理可以发现，关于"毒树之果"在性质上到底属于合法证据还是非法证据的争论，分歧的关键在于如何对非法证据进行界定。如果仅将非法证据界定为直接以非法取证行为取得，或者以侵犯公民宪法权利的方式所收集的证据，则"毒树之果"具有合法属性；而如果认为非法证据所涵盖的范围可以延伸至间接获取的证据，则"毒树之果"即属于非法证据。而"毒树之果"在不同的性质之下，其表现出来的特点也存在差异。由此可见，对"毒树之果"证据属性的界定是深入研究毒树之果规则的重要基础，也是本书研究中需要解决的重要问题。

---

❶ 卞建林："我国非法证据排除的若干重要问题"，载《国家检察官学院学报》2007年第1期。
❷ 陈瑞华："非法证据排除规则的理论解读"，载《证据科学》2010年第5期。
❸ 陈卫东、李奋飞："论侦查权的司法控制"，载《政法论坛》2000年第6期。
❹ 刘宪权："克减冤假错案应当遵循的三个原则"，载《法学》2013年第5期。

三、相关概念辨析

法律与语言的关系非常紧密，可以说语言是法律的生命所在。一方面，法律的存在需要借助语言进行表达；另一方面，法律精神也需要借助语言得以展现。❶ 每一种法律语言的存在，都代表并表达着特定的法律含义，相互之间不能混淆。从现有资料来看，将"毒树之果"与其他相关概念混淆的情况不乏存在，主要表现在以下两个方面。

首先，将"毒树之果"与派生证据、间接证据相混淆。如陈瑞华教授在文章中指出，侦查人员在被告人非自愿供述的基础上又合法收集的证据属于非自愿供述的派生证据。❷ 由此可见，其认为"毒树之果"即是派生证据。牟军教授在《自白制度研究——以西方学说为线索的理论展开》一书中认为，非法自白的派生证据在符合一定条件下具有可承认性。❸ 言外之意，"毒树之果"属于派生证据，且在一定条件下可以采纳。宋英辉教授认为，对于一些派生证据，在解决其可采性时，有必要确定其是否受到先前违宪行为或其他违法行为的"污染"，确定其是否属于"毒树之果"。❹ 兰跃军老师在《论言词证据之禁

---

❶ 何家弘：《短缺证据与模糊事实——证据学精要》，法律出版社2012年版，第23页。
❷ 陈瑞华："非法证据排除规则的适用对象——以非自愿供述为范例的分析"，载《当代法学》2015年第1期。
❸ 牟军：《自白制度研究——以西方学说为线索的理论展开》，中国人民公安大学出版社2006年版，第396页。
❹ 宋英辉、魏晓娜："排除规则——外国证据规则系列之六"，载《人民检查》2001年第9期。

止——以〈德国刑事诉讼法〉为中心的分析》一文中,在谈及"毒树之果"的可采性时指出,如果以侵犯被陈述人基本权利的方法收集的供述为线索而取得的间接证据,则应当排除;对于以其他非法方法取得的间接证据,应当分情况考虑是否排除。❶由此可见,其认为"毒树之果"属于间接证据。

其次,将"毒树之果"与重复性供述相混淆。从获取程序来看,"毒树之果"与重复性供述在某些方面具有相似性,如证据均需要经过两个步骤收集,并且直接取证行为都具有合法性。因此,一些学者认为重复性供述属于"毒树之果"的范畴,在学界引发广泛讨论。

一种观点认为,重复性供述属于"毒树之果"的范畴。如龙宗智教授在《两个证据规定的规范与执行若干问题研究》一文中指出,关于重复自白的处理,涉及应当按照独立口供采纳,还是作为"毒树之果"排除的问题,❷其认为重复性供述属于"毒树之果"。孙长永教授认为,二次口供(重复性供述)是"毒树之果"。❸谢小剑教授认为,在决定重复性供述的可采性时,应当以"毒树之果"理论为依据进行审查。❹熊秋红教授在《刑事证据制度发展中的阶段性进步——刑事证据两个规定评析》一文中以重复性自白作为"毒树之果"的例子进

---

❶ 兰跃军:"论言词证据之禁止——以《德国刑事诉讼法》为中心的分析",载《现代法学》2009 年第 1 期。

❷ 龙宗智:"两个证据规定的规范与执行若干问题研究",载《中国法学》2010 年第 6 期。

❸ 孙长永:"论刑事证据法规范体系及其合理构建——评刑事诉讼法修正案关于证据制度的修改",载《政法论坛》2012 年第 5 期。

❹ 谢小剑:"重复供述的排除规则研究",载《法学论坛》2010 年第 1 期。

行论证。❶ 易延友教授指出，由于缺乏"毒树之果原理"，非法证据排除规则在处理二次供述、多次供述过程中表现出一种无效的境地。❷

另一种观点认为，虽然二者具有相似性，但是本质上并非同一概念。如万毅教授❸从证据构造的角度出发，对反复自白与"毒树之果"的差异性进行论证。汪建成教授认为，"毒树之果"中的"果"应当是独立的新证据，而不是对先前证据的重复收集，重复性供述仍然是非法证据，而不属于"毒树之果"。❹ 戴长林老师在《非法证据排除制度运行效果及制度简析》一文中，在论述非法证据排除的范围有待进一步明确时，将"毒树之果"和重复性供述作为例子并列举出。可见，其认为二者并非同一概念。❺ 吉冠浩老师指出，"毒树之果"属于派生证据的问题，而重复自白不是派生证据。因此，"毒树之果"与重复供述存在差异。❻ 田文昌教授认为，"毒树之果"与重复言词证据二者之间既有联系，也有区别，不能依据"毒树之果"

---

❶ 熊秋红："刑事证据制度发展中的阶段性进步——刑事证据两个规定评析"，载《证据科学》2010年第5期。
❷ 易延友："非法证据排除规则的中国范式——基于1459个刑事案例的分析"，载《中国社会科学》2016年第1期。
❸ 万毅："论'反复自白'的效力"，载《四川大学学报》（哲学社会科学版）2011年第5期。
❹ 汪建成："中国需要什么样的非法证据排除规则"，载《环球法律评论》2006年第5期。
❺ 戴长林："非法证据排除制度运行效果及问题简析"，载《江西警察学院学报》2014年第6期。
❻ 吉冠浩："论非法证据排除规则的继续效力——以重复供述为切入的分析"，载《法学家》2015年第2期。

理论排除重复言词证据。[1]

应当看到,在现有研究中,之所以有学者将"毒树之果"与相关概念相混淆,笔者认为原因在于对"毒树之果"本身之特点的理解不够准确,在此情况下,对毒树之果规则的研究也会产生影响。为此,笔者认为有必要对"毒树之果"的特点以及其与相关概念的关系进行论述,从而为毒树之果规则的研究奠定理论保障。

四、我国构建毒树之果规则的争议问题

域外实践表明,构建毒树之果规则可以有效弥补非法证据排除规则之不足,从制度层面遏制非法取证行为滋生。不过,考虑我国诉讼制度以及司法实践的具体情况,对应否借鉴毒树之果规则在学界形成两种截然不同的观点。一种观点认为,我国不应当借鉴毒树之果规则,"毒树之果"具有可采性。如秦宗文老师认为,为实现诉讼利益,对于在"污点证据"基础上收集的其他证据,应当采用。[2]另一种观点认为,我国应当借鉴毒树之果规则,排除"毒树之果"。如陈瑞华教授认为,对于"毒树之果",应当严格排除。[3]陈卫东教授指出,为确保非法证据排除规则有效实施,有必要确立毒树之果规则。[4]戴长林老师在

---

[1] 田文昌:"排除非法言词证据的若干问题",载《人民司法》2013年第7期。
[2] 秦宗文:"论刑事诉讼中私人获取的证据——兼对证据合法性的批评",载《人民检察》2003年第7期。
[3] 陈瑞华:"刑事诉讼制度改革的若干问题",载《国家检察官学院学报》2007年第6期。
[4] 陈卫东:"确立非法证据排除规则遏制刑讯逼供",载《人民检察》2007年第23期。

《中国非法证据排除制度：原理·案例·适用》一书中提出，从长远角度来看，为有效遏制非法取证行为，有必要在立法上确立毒树之果的裁量排除规则。❶ 樊崇义教授在论述"不得强迫自证其罪原则"时指出，在该原则的指导下，不仅非法供述应当排除，以"毒树之果"形式存在的衍生证据也需要排除。❷

值得肯定的是，不管是否主张借鉴毒树之果规则，均表明当前我国学界已经关注毒树之果规则问题，而这些研究成果均是立法者在决策该否构建毒树之果规则过程中的重要参考。在支持借鉴毒树之果规则的研究成果中，尽管有学者提出具体构建建议，如汪海燕教授提出，可以建立庭前审查程序，由预审法官对"毒树之果"的可采性进行预先审查，以避免"毒树之果"对庭审法官产生影响；❸ 又如刘磊老师对法官在决定是否排除"毒树之果"时需要考量的因素进行了探索，❹ 等等，但是多数研究成果侧重于该否借鉴毒树之果规则的讨论，至于我国应当如何予以借鉴等问题则存在不足。笔者认为，关于毒树之果规则的制度架构应当成为研究的关键所在，因此也是本书讨论的重点内容。

---

❶ 戴长林、罗国良、刘静坤：《中国非法证据排除制度：原理·案例·适用》，法律出版社2016年版，第117页。
❷ 樊崇义："从'应当如实回答'到'不得强迫自证其罪'"，载《法学研究》2008年第2期。
❸ 汪海燕："论美国毒树之果原则——兼论对我国刑事证据立法的启示"，载《比较法研究》2002年第1期。
❹ 刘磊："德美证据排除规则之证据效力研究"，载《环球法律评论》2011年第4期。

第四节　研究方法

关于毒树之果规则的研究，本书采用了比较分析方法和价值分析方法。

一、比较分析方法

一般而言，比较分析方法"不仅仅在于为人们提供有关外国法的知识，还在于就外国的一些制度、现象、问题以及不同国家制度间的异同，做出合理的解释，揭示出一些现象、问题或制度差异背后的制约因素"。[1]

作为舶来品，毒树之果规则起源于美国，并且在不同程度上对其他国家的证据制度也产生了影响。那么在不同的司法环境、刑事诉讼制度之下，毒树之果规则是如何对其他国家的证据制度产生影响的，以及这些国家又是如何处理"毒树之果"的可采性的，通过比较分析：一方面通过对域外国家的具体情况进行考察，可以进一步加强对毒树之果规则的理解；另一方面通过比较分析，也可以为我国如何科学借鉴毒树之果规则提供思路和方向。

二、价值分析方法

所谓"价值分析"，是指"对特定客体内含的、应有的价值

---

[1] 陈瑞华：《论法学研究方法》，北京大学出版社2009年版，第222页。

因素的认知和评价"。[1] 价值分析方法的目的是通过对法律问题的分析，从而实现价值选择。

按照毒树之果规则的要求，如果某证据属于毒树之果，除非符合例外情况，否则应当将其排除。其实，在判断"毒树之果"是否具有可采性的过程中，往往涉及价值选择的问题。事实上，有些"毒树之果"具有客观性，并且对案件事实的认定发挥着关键性作用，如被害人尸体、作案凶器等，一旦将其排除，则无疑会给诉讼活动造成障碍。既然毒树之果规则在有些情况下会成为阻碍查明案件事实的"拦路石"，那么为何其积极意义还是得到了学界的普遍认可？这就不得不对毒树之果规则本身所含有的价值进行分析。因此，本书通过运用价值分析方法，对毒树之果规则的理论基础等问题进行深入研析。

---

[1] 张文显、姚建宗："略论法学研究中的价值分析方法"，载《法学评论》1991年第5期。

CHAPTER 01 >> 第一章
毒树之果规则的历史源流

人类社会始终在发展过程中不断演化和前进。作为社会治理的重要工具,法的完善与社会文明进步相辅相成。因此,纵观世界各国,不论政治制度以及法律体系如何,但凡社会发展到一定阶段,构建完备的法律制度将成为必然。刑事处罚直接涉及对人身自由甚至生命的剥夺,因此,刑事立法是否科学、刑事司法是否公正成为世界各国在社会发展进程中所追求的重要内容,也是推动刑事诉讼制度改革完善的重要动力。而随着毒树之果规则的确立,美国的刑事诉讼制度也进一步得以完善。

第一节 源起判例:西夫索恩案

1919年2月25日清晨,西夫索恩父子在家中被逮捕,并被拘留羁押数小时。其间,美国司法部和联邦执法局的官员在未获得授权的情况下,前往父子俩的木材公司将其办公室内所有的书籍、材料等文件一扫而空,与此同时,执法人员还将该公司所有员工一并带至地区检察官办公室进行询问。而一份要求返还被非法扣押之文件的申请也随即递交到地区法院。经审查后,地区法院以执法人员搜查行为非法为由,裁决其归还这些书籍和材料的原件。

然而,案件并未就此终结,执法人员在扣押这些书籍和材料期间,以拍照和复印的形式对其进行了正常存档,并且在归还材料原件的同时,又依据这些保存下来的照片和复印件等材料提出了一项新的指控,并申请法院签发了要求西夫索恩父子提交相关文件原件的传票,从而旨在使大陪审团认定其犯罪行为。西夫索恩父子以传票签发的基础(照片和复印材料)来源不合法、传票错误为由拒绝执行。尽管其发现相关文件是在侵犯被告人之宪法权利的情况下取得的,但是地区法院还是作出了传票必须被遵守的命令。然而西夫索恩父子继续坚持不提交原件,地区法院以藐视法庭罪对其处以罚款和监禁刑。被告人不服,向美国联邦最高法院提出上诉,并最终获得了美国联邦最高法院对此案的调卷令。[1]

在该案中,控辩双方对于执法人员通过非法搜查、扣押行为直接获得的证据之可采性并无异议,因为执法人员确实实施了非法取证行为,而地区法院对此也作出了归还原件的裁决。

---

[1] Silverthorne Lumber Co., Inc. v. United States, 251 U. S. 385 (1920).

关于该案，争议的焦点在于藐视法庭罪是否成立，而解决该问题的关键在于：地区法院作出要求西夫索恩父子提交公司文件原件的传票以及建立在此基础之上的、要求其遵守传票的命令是否有效。换言之，美国联邦最高法院需要对该问题进行裁决，即：能否假定执法人员无论如何都获准继续执行接下来的整个活动——其能够推进无疑是利用了前期违法行为所得的证据信息，且更重要的问题在于，排除规则是否适用于后续行为获得的相关证据。在该案中，执法人员经正常的证据存档手续得到重要文件的照片和复印件，并基于它们使指向文件原件的证据提交命令得以作出，那么，这些照片和复印件应否被排除呢？如果应当被排除，则提交文件原件的传票以及相关命令也就丧失了合法有效的基础。对于该问题，这些证据材料的获取过程侵犯了美国宪法第四修正案所赋予的住宅、人身、文件和财产不受非法搜查和扣押的权利，由此其拒绝认可该传票以及法庭命令的有效性。不过，控诉方则提出，执法人员只是在最初搜查和扣押这些材料的过程中存在不当行为，但是该行为并不影响依据复印材料而获取的证据之可采性，因此该传票和命令有效并且应当被遵守。

经过审查，美国联邦最高法院在裁决中一语点破了执法人员在该案中欲盖弥彰的行为：一方面在表面上严肃批评和严厉谴责非法取证行为，但另一方面却在努力维护借该非法取证行为获取有利于己之信息的权力——假若没有在先的非法取证，后续信息根本无法获得。换言之，这里颇具反讽意味的地方在于：从表面来看，执法机构虽然就引起愤慨的非法取证行为进行了反思、表达了歉意；然而，其却在依据法院命令归还文件之前对其予以研读、复制，并在归还后使用经研读、复制所获得的重要信息，以一种"更加合规"的方式要求文件所有者再次交出它们。对此，美国联邦最高法院作出强硬表态："法律规定禁止以某种特定方式获取证据的本质在于，由此获得的证据不仅不能在法庭上使用，而且其根本就不能用。"不过，紧接着其又指出："当然，这并不意味着建立在此基础上之相关事实的认定会变得神圣且遥不可及，如果关于这些事实的信息可以从一个独立来源（an independent source）获得，则其同样能够像其他事实一样获得证明，但是，如果这些信息是源于执法人员自己的错误行为，那么它们不能被用于证明指控事实。"❶

可以说，1920年发生的西夫索恩木材公司诉美国联邦政府案在美国司法史上提出了一个关于非法取证行为之直接应用和间接应用的新问题，以及由此产生的对该非法取证行为所取得之非法证据延伸使用，以及进一步获取之衍生证据的效力问题。美国联邦最高法院通过阐明禁止违法取证规定的本质内涵，强调法律对相关证据"根本就不能用"的根本性要求，这无疑否定了刑事司法过程中借助相关（非法）证据之后续信息的可采性。不过其也承认，假如后续信息是从与非法或不当的侦查取证行为无关的途径获得的，则它们依然可以被用以证明案件事实。

也许，美国联邦最高法院在该案件中的一般性表述可能会

---

❶ Silverthorne Lumber Co., Inc. v. United States, 251 U.S. 385 (1920).

掩盖具体案件的复杂性；上述本质内涵的阐述可能也不足以令人信服的论证排除后续获取之衍生证据的法理基础。果然不久之后，在美国发生的纳顿诉美国联邦政府案中，因为上述重要问题亟待解答而促使美国联邦最高法院两次启动了调卷令。

第二节　确立判例：纳顿案

一、首次调卷：针对直接获取的非法证据

1934年《美国联邦通讯法》（the Communications Act）第605条规定，任何从事收发州际电缆通讯工作的雇员，不得向除了接受者、其全权代表者或其授权的同事雇员之外的任何人，泄露、公开通讯或其主题，除非是为了履行具有合法管辖权之法院签发的证据提交命令或者其他适格执法机构提出的要求。同时，"没有被发送者授权的任何人均不得拦截、窃听通讯，也不得将由此知晓的通讯之存在、内容、主题、意图、效果、含义向任何人泄露或公开"。不过，在纳顿涉嫌走私酒类、拥有和私藏走私的酒类，以及共谋走私和私藏酒类的犯罪指控❶中，由

---

❶ 这涉及美国宪法第十八修正案，即禁酒法案。该法案规定："自本条批准一年以后，凡在合众国及其管辖土地境内，酒类饮料的制造、售卖或转运，均应禁止。其输出或输入于合众国及其管辖的领地，亦应禁止。"此法案实施之后，引起了非法酿造、出卖和走私酒类饮料的新的犯罪行为，导致禁酒长期处于"禁而难止"的状态。1933年，美国国会颁布美国宪法第二十一修正案废止了禁酒法案。即便如此，一些地方性的禁酒令及其他有关措施却并未绝迹。

于联邦官员作为证人，出庭就纳顿跨州通讯的内容进行作证的信息是通过采取窃听手段截获的，因此，该证据的可采性引发了控辩双方的争议。

可以说，在证明相关指控事实的过程中，该证据对控方证据体系而言具有至关重要的地位——一旦承认其存在错误，则该错误将不可逆转且不可颠覆。相应地，犯罪指控也自然难以成立。鉴于对《美国联邦通讯法》第605条所规定的"任何人"之表述是否包含联邦执法人员，以及《美国联邦通讯法》本身在立法之初是否存在禁止执法机关通过窃听收集证据之意图等问题存在不同理解，以及建立在此基础上的更为重要的问题——执法官员经窃听电话、拦截信息所获之证据，在刑事审判中究竟是否具有可采性亟待澄清，故美国联邦最高法院于1937年对该案进行了审理。经审查，在权衡打击犯罪活动和抵御隐私权侵犯之间的利害关系之后，美国联邦最高法院认为《美国联邦通讯法》第605条应当按照其字面意思予以适用，即：联邦执法人员与其他人员并无不同，也归属于其效力范围之内。并进一步指出，尽管有关执法人员通过电话窃听以获取证据的实践做法是否合乎道德的争议多年来没有定论，但是国会之所以通过该法案，很有可能考虑的是，与使部分罪犯逃脱司法制裁的结果相比，让政府官员有机会采取有违道德标准之嫌，并且破坏、甚至摧毁人身自由的手段执法，这一政策选择更为恶劣、后果更为严重。

基于上述理由，美国联邦最高法院在裁决中明确指出，根据该法第605条之措辞，"在法庭作证时叙述通讯信息的内容，属于泄露信息的行为",也就是说,此规定排除了包含相关信息的证言。换言之,"联邦机构以窃听电话和拦截信息获取的证据,在联邦地区法院的刑事审判中不具有可采性"。❶ 据此撤销了初审法院的有罪裁决以及上诉法院的维持裁决,并将案件发回重审,以使地区法院在后续的审理程序中遵循其裁决理由和意见。但是,地区法院的裁决结果却让纳顿再一次向美国联邦最高法院提出审查申请。

二、再次调卷:针对间接获得的"毒树之果"

原来,案件被美国联邦最高法院发回重审后,检察官更换了一个罪名重新提起诉讼,即以纳顿涉嫌以欺诈手段偷逃关税为由提出指控。而此次的关键证据不再是窃听截获的信息本身,而是依据该非法窃听所得之信息而获取的其他证据。根据控方提出的这些证据,初审法院对纳顿作出了新的有罪裁决。纵然第二巡回区上诉法院也坦率地表示对初审法院的裁决结果存有疑虑,但其在解读美国联邦最高法院对《美国联邦通讯法》第605条之适用范围的裁判要旨时,仍然将之严格且精确地限缩在美国联邦最高法院1937年第一次审查纳顿案时所面对的特定情形,并由此指出:"国会没有规定,通过使用非法'窃听'信息而获得的其他信息也不具有证据资格,因为,公开这些证据信息并不等同于泄露被拦截的电话谈话内容本身。"❷ 基于此,上诉法院维持了初审法院的有罪裁决。纳顿对裁决结果不服,又

---

❶ Nardone v. United States, 302 U. S. 379 (1937).

❷ 2 Cir. 106 F. 2d 41, 44.

继续向美国联邦最高法院提出上诉。

在该案中，需要解决的问题是，纳顿提出的要求法院审查控诉方使用之特定证据（以非法窃听得到之信息而收集的其他证据）的请求是否被下级法院错误地予以拒绝。在美国联邦最高法院看来，该问题的普遍意义在于，"第605条是否仅仅禁止被窃听拦截得到的电话谈话内容进入联邦法院审判活动的大门而作为证据使用，但并不限制控诉方以所有其他的方式利用这些受到禁止的证据"。❶ 进言之，这些通过已经明确被认定为违法的证据而所获得的"其他证据"，又是否应当被排除于法庭之外？

对此，美国联邦最高法院承认，这些"其他证据"与案件事实具有逻辑上的关联性，而且是可以证明指控事实之实质部分的重要证据。无疑，要排除已满足关联性要素的证据，必须给出能够站得住脚的正当性理由，尤其要达到美国宪法或者法律所明确要求的"一个高于一切之公共政策"的支持。而此处争议焦点仍然是《美国联邦通讯法》第605条。如若说1937年纳顿案裁决解决的是该法条的应然立法目的的话，那么1939年纳顿案有待处理的则是立法初衷下的实然适用范围问题。换言之，美国联邦最高法院已经在1937年纳顿案的裁决中，清晰地阐明了国会制定第605条之立法政策：保护宪法和法律所确保的、但极易因追诉犯罪的热忱和野心而践踏的、属于个人的隐私领地。为此，我们必须排除侵犯个人隐私所获得的证据——

---

❶ Nardone v. United States, 308 U. S. 338 (1939).

用以支撑纳顿面临之首次指控的那些经非法窃听截获的电话谈话内容即属于此。那么，在已经明令禁止不允许直接使用该违法窃听和拦截信息之方法的前提下，假设对其大量的间接使用行为不加限制，或者许可使用基于非法取证行为所得之窃听信息的衍生证据的话，将只会邀诱并招致立法者最初所担心的"有违道德标准之嫌并且破坏、甚至摧毁人身自由的"取证方法依然存续，从而致使第605条的立法政策大打折扣，甚至变得毫无价值。

因此，美国联邦最高法院在1939年纳顿案中旗帜鲜明地确立了如下规则："在联邦地区法院的刑事案件审理中，违反1934年《美国联邦通讯法》而采取窃听方式获取的证据不具有可采性。其适用不仅针对截获的通话内容本身，还适用于利用该通话信息所进一步取得的其他证据。"也正是在该案中，美国联邦最高法院将这些间接取得的证据正式"命名"为"毒树之果"（a fruit of the poisonous tree）。

其实，"毒树之果"并非一个专业的法律术语，而是一种法律隐喻（legal metaphor）。《新旧约全书·马太福音》第七章教导人们，"凡好树都结好果子；惟独坏树结坏果子。好树不能结坏果子，坏树不能结好果子"。对于"凡不结好果子的树，就砍下来，丢在火里"。由此可见，当树有毒时，其所结出的果实也会受到"污染"。此时，在将树砍掉的情况下，对于这些含有"毒素"的"果实"，原则上也不可食用。相应地，该指向间接取得之衍生证据而产生排除效力的规则，即所谓的"毒树之果规则"。

当然，美国联邦最高法院在该案的裁决书中保持了它一贯的严谨审慎态度。这一严谨态度表现在其在裁判中同时指出，适用上述规则的一个重要基础在于：违法窃听得到的信息与控诉方间接获得的证据之间存在因果联系。根据理智判断，这种本应具备的联系可能非常微弱，以至于使设想中的所感染的毒素已经烟消云散。❶ 其实，这与西夫索恩案中提及的"独立来源"之要素异曲同工。但究竟哪些情形属于因果联系被阻断，相应地，控诉方的间接取证行为因具有独立来源而毋须排除，由于巡回上诉法院并未提出这类一般性问题，故美国联邦最高法院秉持"不告不理"的谦抑性考量，在1939年纳顿案中仅作出了警醒提示而没有展开深入阐述。而这也为毒树之果规则在美国刑事司法领域的持续发展和例外规定的生成埋下伏笔。

---

❶ Nardone v. United States, 308 U. S. 338 (1939).

第二章
毒树之果规则的法理之探

第一节 "毒树"的内核述评

法律作为统治阶级高效管理社会的最重要工具，是以其特有的语言为生命的，即所谓的法律语言。法律语言不仅是法律存在的基本表现形式，也是立法意志和法律精神的重要体现。可以说，立法意志与法律精神能否在法律规范和司法实践中得以充分体现，法律规范能否在司法实践中以良法的状态得到有效施行，法律语言都发挥着重要作用。因此，一方面，在制定或者解释法律的过程中，立法者或者解释者无不力求逻辑科学，语言表达准确、全面，以避免司法实践中产生不必要的歧义；另一方面，在司法实践中，法律规范的践行主体、参与主体也需要加强自身对法律语言的正确解读与正确运用能力，从而确保充分发挥法律规范的实际效果。

纵观世界各国，不管是大陆法系国家还是英美法系国家，尽管法律语言都存在模糊性问题，但是鉴于法律必须以严谨的逻辑为基础，因此对法律术语进行专业性、准确性表达便成为各国立法过程中的共同追求。正如前文所述，"毒树之果"并非一个原创性的法律术语，而是引用了《圣经》中的一种表达方式。因此，在法律语境下，关于何谓"毒树""毒树之果"以及"毒树之果规则"一直是学界争论不休的话题，而能够对相关概念进行准确界定，也是毒树之果规则有效适用的前提和基础。

一般而言，"毒树之果"在形成过程中需要具备两个基本要素：一是"毒树"，这是形成"毒树之果"的基础或者前提，如果缺少了"毒树"的存在，则"毒树之果"将成为无本之木，"果实"不会横空出世，也就失去了存在的基础；二是"毒树之果"，如果只有"毒树"而未产生"毒树之果"，则毒树之果规则也就失去了存在的必要性。由此可见，正是由于"毒树"以及"毒树之果"的相互依存，毒树之果规则才应运而生。在二者的关系中，"毒树"往往起着决定性作用，如果没有"毒树"，那么"毒树之果"也将不复存在。因此，在研究"毒树之果"以及毒树之果规则之前，应当对"毒树"的内涵进行准确理解，并在此基础上进一步研究"毒树之果"以及毒树之果规则。

一、争议及反思

通常而言，植物学中的"毒树"即是指有毒的树，如箭毒树[1]。不过，在法律语境下，作为一种法律术语，其含义不同于普通意义上植物学的概念。学界关于"毒树"的含义主要存在三种学说。

（一）行为说

所谓"行为说"，是指将"毒树"界定为一种行为，即取证主体所实施的非法取证行为，如非法搜查、非法扣押、非法逮捕、刑讯逼供以及诱供等。此学说的核心观点在于："毒树"本身并非属于一种证据，而是行为。因为该"行为"违反了法律的禁止性规定，所以其具有"毒性"。例如，在某贪污犯罪案件中，侦查人员通过刑讯逼供方式迫使嫌疑人A作出了有罪供述，并且A在供述中详细交代了藏匿赃款的地点，侦查人员根据嫌疑人A提供的该线索顺利提取到所涉赃款。在该案中，按照行为说的观点，侦查人员对嫌疑人A所实施的"刑讯逼供行为"即为"毒树"。

总体而言，学界持"行为说"观点的学者不在少数。如美国学者约翰·W.斯特龙在其主编的《麦考密克论证据》一书中认为，如果被告人证明了一个违反美国联邦宪法第四修正案的行为（"毒树"），并且在该行为基础上获得了证据（"毒树的

---

[1] 箭毒树，又名见血封喉，属于桑科植物，树液偏乳白色，树液含有剧毒，人、牲畜接触后会导致心脏麻痹、血液凝固，最终因窒息而亡。

果实"），则该证据应当予以排除。❶ 又如，路德·E. 琼斯（Luther E. Jones）认为，"毒树之果规则适用于警察在涉及以违反美国联邦宪法第四修正案规定的搜查和逮捕行为所获取的证据的排除问题"。❷ 再如，根据《布莱克法律词典》的解释，毒树之果规则是指"经由非法搜查、逮捕或者讯问的方法所获取的证据不具有可采性，因为该证据（'毒果'）受到了非法取证行为（'毒树'）的污染"。❸ 在我国，也有相当一部分学者支持"行为说"的观点。如有的学者认为，根据"毒树之果"理论，如果执法人员在办案过程中违反米兰达规则，则该口供不得作为证据使用。其中，执法人员的非法讯问行为即为"毒树"，而由此获得的供述即为"毒树之果"。❹ 另有学者认为，刑事执法官员所采取的非法讯问、非法搜查等行为由于违反了宪法规定，并且侵害了公民的宪法权利，因此属于"毒树之果"。❺ 还有学者直接提出，"毒树"就是指非法行为，包括非法搜查、扣押以及非法讯问程序。❻

事实上，将"毒树"界定为非法取证行为不仅在学界获得了一些学者的支持，从司法实践情况来看，该观点也得到了美

---

❶ [美] 约翰·W. 斯特龙主编，汤维建等译：《麦考密克论证据》，中国政法大学出版社2004年版，第341页。

❷ Luther E. Jones, JR: Fruit Of The Poisonous Tree, South Texas Law Journal, 1966–1967. p. 17.

❸ Bryan A. Garner, Editor in Chief: Black's Law Dictionary, 9th edition, West Publishing Co, 2009, p. 740.

❹ 何家弘：《毒树之果——美国刑事司法随笔》，中国人民公安大学出版社1996年版，第227—228页。

❺ 陈瑞华：《比较刑事诉讼法》，中国人民大学出版社2010年版，第108页。

❻ 郭志媛：《刑事证据可采性研究》，中国政法大学2003年博士论文。

国司法实务部门的认可。例如,在纽约州诉哈里斯案❶中,警察以哈里斯涉嫌谋杀罪为由,在未取得搜查证和逮捕证的情况下进入哈里斯家中实施逮捕,并且在宣读完米兰达规则之后即刻进行了简短讯问,哈里斯也作出了有罪供述,承认其存在杀人行为的犯罪事实。但是,法院认为,"哈里斯在家中所作的供述属于非法逮捕行为的果实,因此,该供述不具有可采性"。由此可见,"行为说"在刑事司法活动中也存在一定的实践基础。

客观而言,尽管该学说具有一定的合理之处,但是也存在不足。主要表现在,如果将"毒树"直接理解为"非法取证行为",就会引发何谓"毒树之果"的争议。关于该问题,一种观点认为,基于非法取证行为所获取的一切证据(包括直接获取的证据和间接获取的证据),均属于"毒树之果"的范畴。例如,有学者认为,"'毒树'与其'果实'之间的关系可以是直接的也可以是间接的。换言之,毒树的果实是毒树之果,毒树的果实的果实也是毒树之果"。❷ 又如,有学者提出,"所有通过该宪法性侵权行为中获取的证据,不论是直接所得,还是间接获取,都由于受到这种违宪行为的影响或'污染',因此都相当于'毒树结出的果实'"。❸ 此外,还有学者认为,采取的非法取证行为(如刑讯逼供)就是有毒的树,而在此基础之上所取得的证据就是生长出来的"毒树之果"。❹ 相较而言,另一种

---

❶ New York v. Harris, 495 U. S. 14 (1990).
❷ 何家弘:《毒树之果》,大众文艺出版社2003年版,第175页。
❸ 陈瑞华:《比较刑事诉讼法》,中国人民大学出版社2010年版,第108页。
❹ 刘宪权:"克减冤假错案应当遵循的三个原则",载《法学》2013年第5期。

观点则认为，基于非法取证行为所直接获取的证据不是"毒树之果"，只有以该证据为基础，继而又间接获取的其他证据才应当属于"毒树之果"的范畴。如有学者认为，在非法取证行为基础之上所派生出来的证据，才属于"毒树之果"。[1] 总之，尽管"行为说"有效界定了何谓"毒树"的问题，但是也不可避免地引发了对何谓"毒树之果"理解上的混乱，而这种概念上的混乱也必将成为司法实践中阻碍毒树之果规则有效运用的重要因素。

（二）证据说

所谓"证据说"，是指将"毒树"界定为一种证据，即通过非法取证行为所直接获取的证据。此学说的核心观点在于："毒树"与"毒树之果"皆具有证据属性，只不过前者是经由非法取证行为所直接获取的证据，而后者则是以该证据为基础继而又取得的其他证据。例如，在某故意杀人案件中，侦查人员为及时侦破案件，遂对犯罪嫌疑人A实施了刑讯逼供行为，而犯罪嫌疑人A在无法忍受刑讯之苦的情况下交代了犯罪事实，并且提供了作案工具以及尸体藏匿地点的线索。侦查人员根据该供述线索查找到了作案工具和被害人尸体。在该案中，按照"证据说"的观点，犯罪嫌疑人A的供述即为"毒树"，而以该供述为线索查找到的作案工具和被害人尸体即为"毒树之果"。

证据说在学界也得到了一些学者的支持。如有学者以证据收集方法的合法性为标准，认为通过非法方法直接取得的证据

---

[1] 郭志媛：《刑事证据可采性研究》，中国政法大学2003年博士论文。

是"毒树",而在该证据的基础上,又依法收集的其他证据就是"毒树之果"。❶ 又如,有学者指出,基于非法取证行为获取的证据就是"毒树",而经由该证据中取得的资料又收集的其他证据即为"毒树之果"。❷ 此外,还有学者在对取证过程中所收集的证据进行区分的基础上认为,在非法收集证据的过程中又发现其他证据的,前者由于取证行为非法属于"毒树",而后者则是"毒树之果"。❸ 不仅在理论上,司法实践中也不乏存在将"毒树"界定为证据的案例。例如,欧洲人权法院在审理哈瓦贾与塔赫里诉英国案❹中指出,"迄今为止所遵循的唯一或者决定性的原则在于保护人权不受'毒树之果'(如果作为来源的证据——'毒树'受到污染的话,那么,基于该证据所取得的任何证据——'果实'也受到了污染)的影响"。显然,通过该内容可知,法院认为以非法方法直接收集的、并且为获取其他证据提供线索的证据即为"毒树"。又如,欧洲人权法院在德拉戈诉罗马尼亚案❺中也作出了类似评论,"排除规则的适用范围可能进一步适用于基于非法证据所取得的证据(所谓的'毒树之果')"。

---

❶ 汪建成:"中国需要什么样的非法证据排除规则",载《环球法律评论》2006年第5期。
❷ 齐树洁:"英国刑事证据制度的新发展",载《河南司法警官职业学院学报》2003年第1期。
❸ 田文昌:"走马观花欧洲行——欧洲六国证据立法和司法制度考察随笔",载《中国律师》2001年第6期。
❹ ECHR, Al-Khawaja and Tahery v. the United Kingdom, no, 26766/05 and 22228/06 (2009).
❺ ECHR, Dragos Ioan Rusu v. Romania, no, 22767/08 (2017).

总体而言，在采纳"证据说"的情况下，由于"毒树之果"很容易认定，即基于非法证据提供的线索继而又合法取得的其他证据即是"毒树之果"，因此，该学说在学界被广泛采纳。

（三）综合说

所谓"综合说"，是指将"毒树"界定为行为与证据的总和，具言之，"毒树"不仅包括非法取证行为，还包括基于该行为而直接获取的证据。如有学者认为，"毒树"不仅包括言词证据、实物证据，还有可能包括行为（如非法逮捕）。❶ 还有学者认为，"毒树之果"是基于非法取证行为所间接获取的证据，也可以是以非法证据为线索而获取的其他证据。❷ 由此可见，"毒树"既可以表现为非法取证行为，还可以表现为证据。

总之，"综合说"实际上是以"毒树之果"为标准反推"毒树"，即除了"毒果"本身以外，一切为获取"毒果"提供便利条件的行为或者证据均属于"毒树"的范畴。由此可见，"综合说"其实是在调和"行为说"与"证据说"的过程中所形成的一种折中学说。不过，由于该学说对"毒树"的界定过于宽泛，既可以包括行为，又可以包括证据，因此，该学说并未得到学界普遍接受。

二、厘清及界定

作为刑事诉讼证据可采性的审查认定标准，尽管在美国毒

---

❶ 汪海燕："论美国毒树之果原则——兼论对我国刑事证据立法的启示"，载《比较法研究》2002 年第 1 期。

❷ 杨宇冠："'毒树之果'理论在美国的运用"，载《人民检察》2002 年第 7 期。

树之果规则理论的研究过程中,也有学者将"毒树"界定为"非法取证行为"的情况。但是,正如前文所述,在"行为说"的情况之下,对于"毒树之果"的认定容易存在界限不清、概念混淆的问题,而这种概念上的模糊性又将直接影响毒树之果规则与非法证据排除规则二者之间的有效区分。同样,在"综合说"的情况之下,以"毒树之果"作为划分"毒树"与"毒树之果"的标准,该学说又容易引起对"毒树"认定的混乱。总之,不管是"毒树"抑或"毒树之果"认定上的混乱,都将会影响毒树之果规则在司法实践中的准确运用。

因此,笔者认为,关于"毒树"的界定,采用"证据说"较为妥当。详言之,所谓"毒树",是指基于非法取证行为而直接取得的证据。当然,从表现形式来看,"毒树"既可以表现为言词证据,如采取诱骗、酷刑等方式收集的犯罪嫌疑人供述,或者以暴力方式取得的证人证言等;还可以表现为实物证据,如通过非法扣押、非法搜查行为而获取的日记等物证。而在此基础之上,笔者认为,所谓"毒树之果",是指以非法证据的内容为线索继而又合法收集的其他证据。

第二节 "毒树之果"的实质解读

一、"毒树之果"的特征

(一)"毒树之果"的收集程序具有两步性

在刑事诉讼活动中,依据非法取证行为与所收集证据之间关系的复杂程度不同，可以将证据的收集程序划分为两种模式：第一种是"一步式"取证模式；第二种是"两步式（或多步式❶）"取证模式，如图1所示。

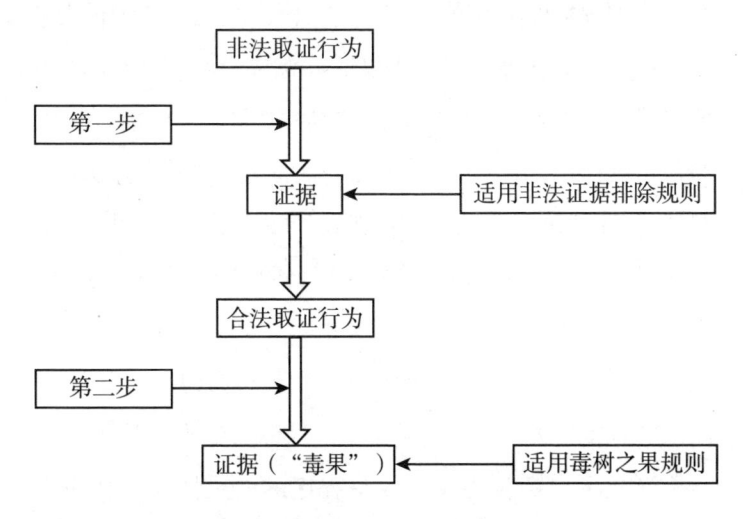

```
                    ┌──────────────┐
                    │  非法取证行为  │
                    └──────┬───────┘
    ┌──────┐              │
    │ 第一步 │──────────────┤
    └──────┘              ▼
                    ┌──────────┐      ┌──────────────────┐
                    │   证据    │◄─────│ 适用非法证据排除规则 │
                    └──────┬───┘      └──────────────────┘
                           │
                           ▼
                    ┌──────────────┐
                    │  合法取证行为  │
                    └──────┬───────┘
    ┌──────┐              │
    │ 第二步 │──────────────┤
    └──────┘              ▼
                    ┌──────────────┐      ┌────────────────┐
                    │ 证据（"毒果"）│◄─────│ 适用毒树之果规则 │
                    └──────────────┘      └────────────────┘
```

图1　"毒树之果"的收集程序

从图1中可知，非法取证行为与非法证据之间的关系既可以是直接的，也可以是间接的。如果非法取证行为与非法证据之间的关系是直接的，二者之间不存在合法取证行为的介入，换言之，非法证据经由非法取证行为一步取得，在此情况下，非法证据的收集程序便具有较强的直接性或一步性特征，取证

---

❶ 在收集"毒树之果"的过程中，依据非法取证行为与合法取证行为交叉频次的不同，取证程序又可以划分为"两步式"和"多步式"。就前者而言，"毒树之果"的收集只涉及非法取证行为与合法取证行为二者之间的一次交叉过程，即在非法证据的基础上，通过合法取证行为直接获取了"毒树之果"；而就后者而言，"毒树之果"的收集涉及非法取证行为与合法取证行为二者之间的多次交叉过程，"毒树之果"的收集需要经过多次交叉才能完成。

模式即为"一步式取证模式"。对于该类证据之可采性问题，由于直接经由非法取证行为获取，非法性较为明显，因此往往依据非法证据排除规则对其可采性进行审查认定。相较而言，"毒树之果"的收集程序则较为复杂，非法取证行为与"毒树之果"二者之间具有间接性，在非法取证行为与"毒树之果"之间，还介入了合法取证行为，换言之，"毒树之果"的收集程序由两个阶段组成：第一阶段，基于非法取证行为直接获取非法证据，并且该非法证据的内容为进一步获取"毒树之果"提供了线索；第二阶段，取证主体根据先前非法证据所提供的线索，通过采取合法方式又进一步获取了"毒树之果"。由此可见，如果缺少先前非法证据的存在，以及后续合法取证行为的介入，则"毒树之果"也就失去了存在的基础，可以说二者缺一不可，而这也恰恰形成了"毒树之果"收集程序的两步性（或多步性）特征。

（二）"毒树之果"的"毒性"具有隐蔽性

在《现代汉语词典》中，"隐蔽"被解释为在其他事物的遮掩下，从而使某事物不会被轻易发现。一般而言，隐蔽活动往往涉及遮掩物和被隐蔽物，并且二者相互依存，缺一不可，也正是得益于遮掩物的存在，才使被隐蔽物得以隐藏。在刑事诉讼活动中，"毒树之果"的收集程序便具备这一特征，具言之，在合法取证行为的遮掩下，先前非法取证行为所具有的"毒性"得以掩饰。

通常而言，取证行为往往存在两种样态：一是合法取证行为；二是非法取证行为。在单一样态之下，证据是否具有合法性很容易予以认定,例如,就一般的非法证据而言,其取证样态往往具有单一性,主要表现为:"非法取证行为——证据",或者"非法取证行为——(线索)证据——非法取证行为——证据"。在此种情况下,由于证据直接基于非法取证行为获取,因此其非法性很容易予以认定。不过相比较而言,如果某证据的收集程序涉及两种取证样态的交叉,特别是先存在非法取证行为,而后又介入了合法取证行为,此时证据是否具有合法性以及如何对其可采性进行审查认定则较为复杂,"毒树之果"即属于这种情况。从"毒树之果"的收集程序来看,其取证样态具有多重性,主要表现为:"非法取证行为——证据(线索)——合法取证行为——证据("毒树之果")"。由此可见,"毒树之果"的取证过程不仅涉及非法取证行为,还包括合法取证行为,而且二者之间具有顺序性:非法取证行为在先,合法取证行为在后。正是基于这种多重取证样态的存在,特别是直接取证行为具有合法性,一定程度上掩盖了先前非法取证行为的非法性,造成"毒树之果"所含有的"毒性"得以隐蔽。

由此可见,正是由于"毒树之果"的"毒性"经过了合法取证行为的掩饰,因此有学者认为"毒树之果"属于合法证据。如有学者提出,"毒树之果"的收集方式合法,其并没有对该证据提供主体之基本权利造成侵犯。[1] 还有学者认为,在刑讯逼供所获取的线索的基础上又合法收集的实物证据,如果查证属实

---

[1] 汪建成:"中国需要什么样的非法证据排除规则",载《环球法律评论》2006年第5期。

的,则该证据便具备合法性,因而应当予以采纳。[1] 总之,"毒树之果"的"毒性"具有隐蔽性,而这一特征也往往成为错误界定"毒树之果"属于合法证据的参考因素。

(三)"毒树之果"具有受"污染"性

一般而言,污染行为往往由两个要素组成:一是污染源;二是污染物,即受到污染的物质。在二者之间,污染源往往起着基础性作用,如果缺少了污染源的作用,则物质将不会受到污染;反之,如果缺少了污染物的存在,则污染源也就难以达到污染效果。由此可见,二者在污染形成的过程中缺一不可。

在刑事诉讼活动中,"污染"一词主要被用来描述非法取证行为对证据所造成的负面影响,如果证据是经由非法取证行为而取得,原则上应当予以排除。在毒树之果规则的理论中,"污染性"又可以表述为"有毒性"或者"波及性"。从表面来看,由于直接获取"毒树之果"的手段行为并未违反法律的禁止性规定,换言之,"毒树之果"直接经由合法行为而取得,因此,如果以直接取证行为是否合法作为衡量证据有"毒"与否的标准,那么"毒树之果"无疑具有可采性。但是,如果将"毒树之果"放置于整个取证过程来看便不难发现,先前非法取证行为对"毒树之果"的收集发挥了重要作用,如果没有先前非法取证行为,则"毒树之果"也将难以获取。由此可见,先前非法取证行为所含有的"毒素"对"毒树之果"必然产生了波及影响,以致于"毒树之果"在"毒素"的影响下受到严重"污

---

[1] 刘根菊:"沉默权与严禁刑讯逼供",载《法律科学》2000年第4期。

染"。而这种"污染"性造成"毒树之果"的真实性、可靠性以及供述自愿性等内容受到质疑,如果不予以排除:一方面,这与现代刑事司法价值理念不相符合,从而对刑事司法的公正性造成损害;另一方面,在线索来源受到质疑的情况下,犯罪嫌疑人的合法权益也将难以得到有效保障。

总而言之,相较于合法证据,由于"毒树之果"受到了先前非法取证行为的污染,因此原则上应当予以排除。例如,在王孙诉美国联邦政府案❶中,联邦警察对托呷的洗衣房和宿舍进行非法搜查之后,随之便对其进行讯问,并且在讯问中得知伊向其出售了毒品,警察据此线索找到伊,并继而又找到了王孙。在该案中,由于警察非法搜查、非法讯问在先,并且托呷的供述违反了自愿性原则,在此情况下才获取了有关伊的线索。尽管警察调查伊和王孙时采取了合法的搜查、讯问行为,但是,由于其线索证据的取得方式违反了美国联邦宪法第四修正案的规定,因此,在后续所取得的证据受到先前非法取证行为"污染"的情况下,美国联邦最高法院排除了伊和王孙的第一次供述。

二、"毒树之果"的分类

依据不同标准,"毒树之果"可以划分为不同种类。

(一) 实物之果与言词之果

作为一种法律隐喻,"毒树之果"并不属于一种法定证据种

---

❶ Wong Sun v. United States, 371 U.S. 471 (1963).

类,在司法实践中,其往往是以物证、书证、证人证言以及其他法定证据形式呈现。正如有学者提出,"毒树之果"的具体表现形式既可以是实物证据,也可以是言词证据。[1] 早期普通法理论认为,排除非法供述的原因在于其具有不可靠性,而对于通过该供述又取得的其他实物证据,如通过非自愿供述寻找到的凶器,由于其符合客观性因素,因此没有必要予以排除。不过,单纯以"不可靠性"作为证据排除与否的标准已经被现代普通法理论所修正——不可靠既不是排除嫌疑人供述的必要条件,也不是排除此类证据的充分条件,而基于该供述又取得的其他实物证据的可采性问题,原有普通法的做法已经不再有效。[2] 由此可见,"毒树之果"在不同表现形式之下一定程度上可能会对其可采性产生影响,因此,通过对不同形式"毒树之果"之特点的理解,有助于提高"毒树之果"可采性的审查认定效果。详言之,根据在证明案件事实过程中的实质内容和表现形式不同,"毒树之果"可以划分为实物之果与言词之果。

所谓"实物之果",是指基于非法取证行为间接获取的、以实物为实质内容和表现形式,从而对案件事实进行证明的证据。所谓"言词之果",是指基于非法取证行为间接获取的、以言词为实质内容和表现形式,从而对案件事实进行证明的证据。之所以将"毒树之果"划分为实物之果与言词之果,其意义主要

---

[1] 汪海燕:"论美国毒树之果原则——兼论对我国刑事证据立法的启示",载《比较法研究》2002年第1期。
[2] [美]约书亚·德雷斯勒,[美]艾伦·C. 迈克尔斯著,吴宏耀译:《美国刑事诉讼法精解》,北京大学出版社2009年版,第449页。

体现在以下两个方面。

第一，有利于准确把握实物之果与言词之果的不同特点。在刑事诉讼活动中，虽然实物之果与言词之果均是经由先前非法取证行为间接取得，但是作为"毒树之果"，二者各自具备不同的特点。首先，就"实物之果"而言，其往往具有较强的隐蔽性，如果缺少了先前非法取证行为直接获取的证据为线索，则"毒树之果"很难收集。此外，由于实物之果具有较强的客观性和稳定性，因此，受到其他因素的影响较小，特别是对于不易腐烂、不易变质等物质，通常可以保存较长时间，并且其实质内容和表现形式不易受到影响。其次，就"言词之果"而言，其稳定性相对较弱，通常容易受到时间、记忆、环境等主客观因素的影响而发生变化。此外，在某些情况下，"言词之果"受到先前非法取证行为污染的程度也较为严重。例如，在某抢劫案中，侦查人员通过实施刑讯逼供行为，从犯罪嫌疑人A的供述中取得了犯罪嫌疑人B（共犯）藏匿地点的线索信息，并据此线索将犯罪嫌疑人B予以抓获。在对犯罪嫌疑人B进行审讯过程中，侦查人员表示，"嫌疑人A已经交代了全部犯罪事实，希望B也如实供述，争取宽大处理"。考虑到犯罪行为已经暴露，犯罪嫌疑人B遂交代了所有犯罪事实。该案中，侦查人员在刑讯逼供之下所获取的A之供述无疑对取得犯罪嫌疑人B之供述产生了重要影响。

第二，有利于对"实物之果"与"言词之果"进行审查判断。我国现行《刑事诉讼法》第56条规定，对于以刑讯逼供等非法手段取得的供述和以威胁等非法手段获取的被害人陈述或者证言应当排除，但是对于采取违法程序而取得的书证、物证，则可以进行补正或给出合理解释，只有在补正不能或者解释不能时，才将其予以排除。由此可见，对于不同形式的证据，我国法律规范主要规定了两种排除模式：一是绝对排除模式，即对于言词证据，如果取证手段（或者程序）违反了法律的禁止性规定，则该证据应当予以排除，不得作为认定案件事实的根据；二是裁量排除模式，即对于实物证据，在取证行为违反法定程序的情况下，如果能够进行补正或者作出合理解释，则该证据具有可采性；反之，如果不能进行补正或者无法作出合理解释，则该证据应当予以排除。由此可见，在排除非法证据侧面，言词证据要严于实物证据。不过，相比较之下，对于"毒树之果"而言，不管是"实物之果"还是"言词之果"，由于直接取证行为具有合法性，并非直接经由非法取证行为获取，不属于一般非法证据的范畴，在此情况下，其可采性的审查认定标准也有异于一般的非法证据。因此，对"实物之果"与"言词之果"进行区分，有利于进一步明确两类"毒树之果"的审查认定标准，从而提供审查质效。

（二）重毒之果与轻毒之果

一般而言，"毒树之果"必须汲取"毒树"的养分才能得以生长，如果缺少了"毒树"养分的供给，则"毒树之果"也就失去了生长的基础。由此可见，"毒树之果"在其生长过程中必然受到"毒树"所含"毒素"的影响，而且"毒树"本身所含毒素强弱的不同，对"毒树之果"所造成的污染程度也存在差异。正如有学者所言，不同的非法口供非法程度并不相同，因此，对于非法口供进行认定的根据也有所差异，而且这些差异也同样会对基于该口供内容而获取的其他证据产生影响。可以说，在"毒树"所含的"毒素"不是很强的情况下，其果实很有可能是没有毒的。[1] 因此，为进一步对不同"毒素"影响下之"毒树之果"进行区分，笔者认为，依据先前非法取证行为的违法程度，以及其与"毒树之果"之间因果关系的紧密程度，可以将"毒树之果"划分为"重毒之果"与"轻毒之果"。

所谓"重毒之果"，是指先前非法取证行为的违法程度（或者人权侵犯性、宪法违反性）较为严重，并且在此基础之上间接获取的、与其紧密程度较高的证据。例如，侦查人员在审讯过程中通过采取刑讯逼供的暴力方法获取了有关作案工具隐藏地点的供述，并据此线索查找到了作案工具。在此过程中，由于刑讯逼供行为严重侵犯了犯罪嫌疑人的人权，其违法程度较为严重，该非法取证行为之"毒素"对后续查获的"作案工具"影响较大，因此，该"作案工具"即属于"重毒之果"。相较而言，所谓"轻毒之果"，是指先前非法取证行为的违法程度（或者人权侵犯性、宪法违反性）较为轻微，或者尽管其非法程度较为严重，但是与其紧密程度较弱的情况下所间接获取的证据。例如，《公安机关办理刑事案件程序规定》（2020）第206条第2款规定，讯问结束时，翻译人员应当在讯问笔录上签字。如果公安机关在审讯过程中聘请了翻译人员，但是在审讯结束时翻译人员忘记在审讯笔录上签字，在此情况下，由于翻译人

---

[1] 杨宇冠："'毒树之果'理论在美国的运用"，载《人民检察》2002年第7期。

员没有签字的行为属于轻微违反程序的行为，因此，侦查人员基于该供述内容继而提取到的其他证据则属于"轻毒之果"。

总之，"重毒之果"与"轻毒之果"的划分，不仅有助于对受到不同程度"毒素"之影响下的"毒树之果"进行准确把握，也可以为"毒树之果"可采性的审查认定提供基础。

（三）权力型之果、权利型之果、权力与权利混合型之果

在刑事诉讼活动中，以取证主体是否享有国家公权力为基础，取证行为可以划分为三种情况：一是依法享有国家公权力的主体实施的取证行为，如侦查机关、检察机关、监察机关、审判机关等在诉讼活动中所实施的取证行为；二是不享有国家公权力的主体所实施的取证行为，如案件当事人及其委托的辩护律师实施的取证行为；三是享有国家公权力的主体与不享有国家公权力的主体共同实施完成的取证行为，如被害人通过采取非法取证行为取得某证据，并将其交由办案机关处理，后者依据该证据提供的线索又及时获取了其他能够证明犯罪事实的证据。与此相对应，在取证主体有所区别的情况下，由此所获取的"毒树之果"之可采性也存在差异。因此，以取证主体是否享有国家公权力为标准，"毒树之果"可以划分为三种类型：一是权力型之果；二是权利型之果；三是权力与权利混合型之果。

所谓"权力型之果"，是指享有国家公权力且依法可以实施取证行为的主体，在实施非法取证行为之后，基于该行为而间接获取的证据。例如，侦查机关采取酷刑等暴力方法取得了关

于赃物藏匿地点的供述,并依此供述所提供的线索找到了赃物。这里的"赃物"即为"权力型之果"。从各国刑事司法实践的情况来看,由于取证权往往由国家机关依法行使,因此,权力型之果也是最为普遍的一种类型。

所谓"权利型之果",是指以私权利为依托而依法享有取证权的主体,在实施非法取证行为之后,基于该行为而间接获取的证据。例如,案件当事人及其委托的辩护律师、其他取证主体(如私人侦探等)在诉讼活动中通过采取非法取证行为而取得某证据,并以该证据提供的信息为线索又依法获得的其他证据,即为"权利型之果"。一般而言,在单轨制证据调查模式下,由于辩护方不享有充分的取证权,因此,权利型之果在实行双轨制证据调查模式的国家往往具有适用空间。不过值得注意的是,在美国,由于证据排除规则的主要功能在于遏制侦查人员违反宪法修正案而实施的非法取证行为,以保障公民的宪法权利,因此,对于私人主体在非法取证行为基础之上间接获取的"毒树之果"在一定程度上可以具有可采性。

所谓"权力与权利混合型之果",是指私权利主体在公权力主体指导下,或者在公权力主体的共同参与下实施了非法取证行为,并基于该行为而间接获取的证据。相较于前两种类型,"权力与权利混合型之果"的可采性审查问题较为复杂。

从域外实践情况来看,美国非法证据排除规则原则上仅适用于官方非法获取的证据,不适用于私人非法搜查行为获取的证据。但是,如果私人搜查行为是根据官方的命令、要求或者默许实施，则不受此限制。[1] 由此可见，在美国刑事司法活动中，如果私人实施的非法取证行为受到了公权力机关的指导或者默许，则基于该非法行为而间接获取的证据将丧失可采性。此外，在德国，关于混合取证[2]的情况，学界也普遍认为，如果"私人作为侦查机关的'工具'而行动，则构成证据使用禁止"。[3] 因此，笔者认为，如果存在混合取证的情况，由于公权力机关直接或者间接对取证行为产生了重要影响，在此情况下，可以将该种取证行为视同于公权力机关自身所实施的行为，而基于该行为所取得的证据（"毒树之果"）原则上不具有可采性。

此外，关于"混合型之果"的可采性问题还有一种情况值得注意：相较于私人主体与公权力主体在共同实施非法取证行为基础之上间接获取的"果实"而言，如果私权利主体通过实施非法取证行为获取了某证据，尽管公权力主体基于此证据线索获取了其他证据，但是，公权力主体在收到该私人提供的取证线索之前并未参与（也未指导）私人实施的非法取证行为，在此情况下，该"其他证据"是否属于"毒树之果"，以及应否具有可采性将成为亟待解决的问题。对于私人采取非法行为取得的证据是否具有可采性的问题，德国学界普遍认为，"因为刑事诉讼法的规定只适用于犯罪侦查机关，因此原则上这类证

---

[1] 宋英辉、孙长永、刘新魁等：《外国刑事诉讼法》，法律出版社 2006 年版，第 211 页。
[2] 私人取证主体与公权力机关共同实施的取证行为。
[3] 宗玉琨译注：《德国刑事诉讼法典》，知识产权出版社 2013 年版，第 125 页（脚注）。

据是可以作为证据使用的（具证据力），只有在极端违反人权之案例中，才有其例外，例如，当一私人用悲惨之拷打方式逼迫写就一份自白书。……因为对此禁止种类而言，是谁取得该证据并不重要"。❶ 由此可见，德国对于私人非法取得的证据一般采取容忍的态度，只有在取证手段侵犯基本人权或者极端残忍的情况下，才会导致该证据丧失可采性。

总体而言，对于公权力机关以该证据为线索又取得的其他证据可采性的问题，笔者认为，由于私人主体的取证行为违反了禁止性规定，基于该行为而收集的证据属于"毒树"，由于证据受到了先前非法取证行为的"污染"，办案机关经由该证据（"毒树"）又依法收集的其他证据应当属于"毒树之果"。不过关于该"毒树之果"的可采性问题，应当区别处理：如果私人取证主体采取严重侵犯人权的手段（如酷刑、刑讯逼供、虐待等）收集证据，或者取证行为侵犯了被取证对象的基本人权，此时出于人权保障的需要，基于该证据所取得的其他证据应当予以排除；相较而言，如果私人取证主体并未以严重侵犯人权的手段获取证据，或者其取证行为并未对基本人权造成侵犯，则基于该证据所取得的其他证据可以采纳。

事实上，上述情况下对"毒树之果"可采性进行审查过程中，还应当结合考虑公权力机关是否事先明知等因素进行综合认定，如果公权力机关明知私人采取前述方式实施取证行为，尽管并未直接提供指导，但是鉴于其主观上存在放任的过错，

---

❶ ［德］克劳思·罗科信著，吴丽琪译：《刑事诉讼法》，法律出版社2003年版，第224页。

在此情况下，该"其他证据"原则上也应当予以排除。

（四）可食用之果与禁止食用之果

在理论上，"毒树之果"由于受到了先前非法取证行为的污染，为维护司法公正性，原则上应当予以排除。不过，对"毒树之果"可采性的审查认定过程往往还涉及价值选择问题，如果彻底排除"毒树之果"，在某些情况下不仅不利于打击犯罪，还有可能会放纵犯罪；反之，如果绝对采用"毒树之果"，则不仅不利于遏制非法取证行为，也会对司法公正性造成损害。为此，毒树之果规则在大多数国家的刑事司法活动中往往以"原则+例外"的体例予以展现，即：在排除"毒树之果"的同时，辅之以例外规定作为补充。由此可见，以是否具有可采性为标准，"毒树之果"可以划分为"可食用之果"和"禁止食用之果"。

所谓"可食用之果"，是指尽管"毒树之果"受到了先前非法取证行为的污染，但是在符合一定条件的情况下，也可以具有可采性。例如，在美国刑事司法活动中，"毒树之果"一般不具有可采性，但是为了平衡惩罚犯罪与保障人权，司法实践中创设了一些例外规定，如独立来源的例外（independent source）、必然发现的例外（inevitable discovery）、稀释的例外（purged taint exception），一旦所取得的"毒树之果"符合例外条件，则该"果实"仍然可以被采纳使用，即可以食用。

所谓"禁止食用之果"，是指"毒树之果"在任何情况下均不具有可采性，应当予以排除。一般而言，"禁止食用之果"主要适用于取证主体采取严重违法手段实施取证行为，并且该行为为获取"毒树之果"提供了条件，换言之，"毒树之果"与该非法取证行为之间的因果关系较为紧密，由于受到了严重污染，因此该"毒树之果"应当予以排除而不能作为证据使用。

总之，虽然"毒树之果"受到了先前非法取证行为的污染，但是在不同情况下，由于所受到污染的程度不同，因此需要针对不同情况分别进行处理。例如，就先前非法取证行为的严重程度而言，"可食用之果"的先前取证行为之非法程度较为轻微，可能仅在取证程序或者取证手续上存在违法性，并不涉及严重侵犯人权的行为；而"禁止食用之果"的先前取证行为之非法程度则往往比较严重。由此可见，将"毒树之果"划分为"可食用之果"与"禁止食用之果"，可以为司法实践中审查认定"毒树之果"的可采性提供便利。

三、"毒树之果"与相关概念辨析

在证据学理论中，"毒树之果"与相关概念在收集程序、表现形式等方面存在相似性，因此，在概念上容易产生混淆。如有学者将"毒树之果"表述为"派生证据"，指出警察在取得被告人的有罪供述之后，又根据该供述提供的线索，获取了一把手枪、一包毒品或者一些盗窃得来的财物，而这里的手枪、毒品或者盗赃物即为派生证据。[1] 又如，还有学者将"毒树之果"表述为"间接证据"，指出对于采取刑讯逼供或者其他严重

---

[1] 陈瑞华：《比较刑事诉讼法》，中国人民大学出版社2010年版，第45页。

侵犯被取证对象合法权益的方法获取的陈述为线索继而又收集的间接证据,则应当予以排除。❶ 由此可见,为准确理解"毒树之果"的内涵,有必要厘清其与相关概念的区别。

(一)"毒树之果"与派生证据

一般而言,依据是否直接产生或来源于案件事实,可以将证据划分为原生证据与派生证据。作为与原生证据相对应的概念,派生证据是指经过对原生证据进行转述、复制、复印等方法生成的证据。❷ 由此可见,派生证据并非直接产生或来源于案件事实,而是在原生证据的基础上借助某种中介派生所得,换言之,派生证据与案件事实之间具有间接性。如犯罪现场提取的脚印模型、书证的复印件等。此外,从表现形式来看,派生证据不仅包括言词证据,还包括实物证据。不过,尽管"毒树之果"在表现形式上也包括言词证据和实物证据,但是其与派生证据之间仍然存在本质差异。

首先,二者"间接性"的表现内容不同。就"毒树之果"而言,"间接性"主要表现为"毒树之果"与先前非法取证行为之间存在间接关系,即"毒树之果"是以先前非法取证行为直接获取的证据为线索,继而又通过合法取证手段所获取的。相比较而言,由于派生证据往往是对原生证据内容的再次提取,因此,"间接性"主要表现为派生证据与案件事实之间存在的间接关系。

---

❶ 兰跃军:"论言词证据之禁止——以《德国刑事诉讼法》为中心的分析",载《现代法学》2009 年第 1 期。
❷ 何家弘、刘品新:《证据法学》,法律出版社 2013 年版,第 129 页。

其次，二者产生的基础或来源不同。在获取过程上，尽管"毒树之果"以非法证据为线索而取得，但是就其本身而言，"毒树之果"一般属于原生证据，往往直接产生于案件事实，无需经过任何中介予以转化。例如，作为"毒树之果"的杀人凶器、盗窃赃物等，均直接来源于案件事实，属于原生证据。而派生证据的产生则必须以某种中介的转化为基础，如果证据直接来源于原始出处，此时该证据即属于原生证据而非派生证据。

（二）"毒树之果"与间接证据

在刑事诉讼活动中，案件事实涉及的内容非常广泛，既包括主要案件事实，也包括要素事实或者情节事实。因此，在证据学理论上，以案件主要事实的证明为标准，往往可以将证据划分为直接证据与间接证据。直接证据一般是指能够直接证明案件主要事实的证据，如犯罪嫌疑人、被告人供述以及记录了犯罪过程的视频资料等。而间接证据则是指不能单独直接对案件主要事实进行证明，需要在结合其他证据的情况下才能对案件主要事实发挥证明作用效果的证据。客观而言，尽管间接证据对要素事实或情节事实的证明具有单独性、直接性，但是在案件主要事实的证明方面却具有间接性。例如，在某案发现场发现的一把沾有被害人血迹的匕首，作为物证，该匕首并不能直接证明犯罪嫌疑人实施了杀人行为，还需要其他证据予以配合，只有在形成完整的证据体系的情况下，才能对案件主要事实发挥证明作用。

正如前文所述，我国部分学者往往将"毒树之果"表述为间接证据，笔者认为这种表述值得商榷。诚然，"毒树之果"与间接证据均具有"间接性",但是如果仔细分析不难发现,二者并非同一概念。虽然"毒树之果"与先前非法取证行为之间的关系是间接的,但是其与案件主要事实之间的证明关系,则既可以是直接的,也可以是间接的。换言之,"毒树之果"不仅可以表现为直接证据,还可以表现为间接证据。由此可见,"毒树之果"的范围要广于间接证据,二者不能混淆使用。

第三节　毒树之果规则的本体思辨

一、毒树之果规则的准确定位

毒树之果规则（fruit of the poisonous tree doctrine）又可以称为毒树之果原则。关于毒树之果规则的定义,美国学者约翰·W. 斯特龙认为,"部分的、但不是全部的联邦宪法的排除规则不仅要求排除作为所犯非法行为的直接和即时的结果而获得的证据,而且要求排除作为该非法行为的不那么直接的结果而获得的证据"。❶ 在英国,学界普遍认为毒树之果规则是指"非法获得的被告人的供述被排除之后,以该供述为线索而发现的其他类型的证据"❷ 是否具有可采性的规则。我国台湾地区也有学者指出,"非法取得之证据为毒树,由该非法证据所衍生之

---

❶ [美] 约翰·W. 斯特龙主编,汤维建等译:《麦考密克论证据》,中国政法大学出版社2004年版,第341页。
❷ 宋世杰等:《外国刑事诉讼法比较研究》,中国法制出版社2006年版,第427页。

证据，即令系合法取得，仍为具毒性之毒果，不得使用"。❶ 通过分析可知，尽管不同刑事诉讼制度背景下毒树之果规则的定义在具体表述上存在差异，但是作为一项证据排除规则，其积极作用却具有一致性：一方面，毒树之果规则有助于解决"毒树之果"的可采性问题；另一方面，通过排除"毒树之果"，可以对非法取证行为发挥威慑效果，从而实现非法取证行为的源头性治理。

当然，从取证过程来看，由于"毒树之果"受到了先前非法取证行为的污染，二者之间存在因果关系，因此"毒树之果"属于非法证据范畴已是不争的事实。正如有学者提出，非法证据包括三种：非法实物证据、非法言词证据以及在前两种非法证据基础之上又收集的派生证据。❷ 正是"毒树之果"所具有的这种非法属性，致使一些学者认为"毒树之果"与基于非法取证行为直接获取的非法证据一样，均属于非法证据排除规则的调整对象，应当适用非法证据排除规则对其可采性进行审查判断。如有学者认为，"非法证据排除规则不仅适用于政府非法行为的直接所得，而且适用于由此派生的证据"。❸ 不过，笔者认为，尽管"毒树之果"与基于非法取证行为直接获取的证据同属于非法证据，而且在广义概念上，毒树之果规则也属于非法证据排除规则的一部分，但是，仔细分析可知，"毒树之果"

---

❶ 王兆鹏：《美国刑事诉讼法》，北京大学出版社 2014 年版，第 276 页。
❷ 卞建林："我国非法证据排除的若干重要问题"，载《国家检察官学院学报》2007 年第 1 期。
❸ 吴宏耀等译：《美国联邦宪法第四修正案：非法证据排除规则》，中国人民公安大学出版社 2010 年版，第 330 页。

与基于非法取证行为直接取得的非法证据之间仍然存在一些差异，而这种差异也直接决定着毒树之果规则与非法证据排除规则之间的区别。总而言之，将"毒树之果"与基于非法取证行为直接取得的非法证据等同视之，并进一步认为应当依据非法证据排除规则对"毒树之果"进行审查判断的观点值得商榷，其认识到了二者之间的关联性，却忽略了二者之间存在的差异性，在此基础之上对毒树之果规则的界定必然缺乏准确性。

首先，"毒树之果"区别于基于非法取证行为直接获取的非法证据。在证据学理论中，非法证据一般是指证据的收集主体、证据形式以及取证程序等如果违反法律规定，由此所收集的证据即为非法证据，不具有可采性。其中，因取证程序违法而造成证据具有非法性的情况最为普遍。例如，我国《刑事诉讼法》规定，禁止侦查人员采用非法方法（如暴力等）收集被害人陈述、证人证言，因此，一旦侦查人员在取证过程中采取了前述禁止之方法，则由此所取得的证据即属于非法证据应当予以排除。由此可见，不管是"毒树之果"还是基于非法取证行为直接取得的证据，在非法取证行为的影响下，均应当属于非法证据。但是，相比较而言，考虑到证据的收集程序以及该证据与非法取证行为之间的紧密程度，"毒树之果"与基于非法取证行为直接获取的非法证据之间又存在明显差异。就前者而言，"毒树之果"的收集程序具有"两步性（或多步性）"特征，在"毒树之果"与非法取证行为之间，还介入了合法取证行为，换言之，"毒树之果"与非法取证行为的关系是间接的；就后者而言，该证据则直接经由非法取证行为取得，其与非法取证行为的关系是直接的。由此可见,直接取证行为是否具有合法性成为区分"毒树之果"与其他非法证据的关键所在。总之,"毒树之果"与基于非法取证行为直接获取的非法证据之间存在差异性,二者不能混淆。

其次,毒树之果规则区别于非法证据排除规则。作为证据排除规则的重要组成部分,毒树之果规则与非法证据排除规则都旨在解决证据的可采性问题,由此可见,二者在排除证据的功能上具有相同性。但是二者之间的差异性也较为明显。

第一,二者适用对象不同。一般而言,非法证据排除规则的适用对象是一般的非法证据,并且该非法证据往往表现为经由非法取证行为直接取得,由于非法取证行为与非法证据之间的关系较为紧密,其程序违法性、人权侵犯性等表现得更为直接、对司法公正性的损害也较为严重,因此,需要运用非法证据排除规则对其可采性进行审查判断。相比较而言,作为毒树之果规则的适用对象,"毒树之果"在收集程序上较为复杂,即以先前非法取证行为所获取的证据为基础(或线索),继而又通过合法手段进行收集,在这一取证过程中,合法取证行为"掩饰"了"毒树之果"的非法属性,而正是基于此特点,致使非法证据排除规则失去了适用空间,对于"毒树之果"可采性的问题,应当依据毒树之果规则进行审查认定。

第二,二者适用条件不同。正如前文所述,"毒树之果"不同于基于非法取证行为直接获取的非法证据,而对二者进行区分的关键在于直接取证行为是否具有合法性。因此,基于不同的取证行为,毒树之果规则与非法证据排除规则的适用条件也存在差异。详言之，如果证据是直接经由非法取证行为取得，则应当依据非法证据排除规则对其可采性进行审查认定；而如果证据是直接基于合法取证行为取得，则该证据并非当然具有可采性，还应当审查在此合法取证行为之前是否存在其他非法取证行为，并且基于该先前非法取证行为直接取得的证据是否为收集"毒树之果"提供了线索信息，如果答案是肯定的，则应当适用毒树之果规则对其可采性进行审查判断，而如果答案是否定的，则该证据属于合法证据，原则上应当具有可采性。

此外，值得注意的是，关于"二次非法取证"的问题，即：取证主体经由非法取证行为获取某线索证据，并且在该线索的指引下、在收集其他证据的过程中，如果取证主体再次实施非法取证行为，或者因（合法）取证行为遭遇阻碍而不得不再次实施非法取证行为，在此情况下，由于该"其他证据"直接基于非法取证行为获取，因此，应当适用非法证据排除规则对其可采性进行审查判断。相反，如果在获取"其他证据"的过程中没有实施非法取证行为，换言之，取证主体合法获取了该"其他证据"，此时则应当适用毒树之果规则对其可采性进行审查判断。

综上所述，在明晰"毒树之果"与一般非法证据、毒树之果规则与非法证据排除规则关系的基础上，笔者认为，毒树之果规则是指对于通过非法证据提供的线索继而又合法收集的其他证据，除非符合例外规定，否则应当予以排除。

从上述内涵可知，毒树之果规则在适用过程中应当注意三方面内容。其一，适用对象为"毒树之果"，并且该"毒树之果"必须以非法证据提供的线索为基础。其二,"毒树之果"与先前非法证据在内容上存在差异,如果"毒树之果"的内容与先前非法证据相同,即使直接经由合法取证行为获取,该证据也不属于"毒树之果"的范畴,不能运用毒树之果规则对其可采性进行审查认定。例如,就重复性供述而言,尽管该供述的取得受到了先前非法供述内容的影响,并且直接取证行为也具有合法性,但是由于该供述内容与先前非法供述内容相同,因此,重复性供述不属于"毒树之果"的范畴,无法适用毒树之果规则对其可采性进行审查认定。其三,如果某证据属于"毒树之果",在审查认定其可采性过程中,还应当结合例外情况予以考虑,只有在不符合例外情况时,才能排除该证据。

二、毒树之果规则的理论基础

在刑事诉讼活动中,毒树之果规则的确立意味着"毒树之果"原则上将不具有可采性而应当予以排除。因此,自从毒树之果规则诞生以来,关于其正当性问题一直饱受争议。反对者认为,在非法证据已经得到排除的情况下,继续排除"毒树之果"不利于实现实体正义,甚至还可能会放纵犯罪。支持者认为,承认"毒树之果"的可采性不仅有违程序正义,不利于保障人权,也会对实体正义造成影响,而确立毒树之果规则符合刑事司法价值。客观而言,尽管理论上对于毒树之果规则的正当性仍然存有争议,但是在已经确立了毒树之果规则的国家之影响下,构建毒树之果规则已经成为各国刑事诉讼制度改革的发展趋势。之所以毒树之果规则受到追捧,这与其理论基础

（或正当性基础）不无关系，而在诸多的理论中，最主要的则是"吓阻理论"和"权衡理论"。

（一）吓阻理论

通常而言，吓阻理论又可以称为阻吓理论、威慑理论（deterrence theory），是指通过剥夺违法者经由非法行为所获取的利益（包括直接利益和间接利益），以发挥威慑作用，从而遏制非法取证行为再次发生。从吓阻理论的历史发展来看，其最早被作为刑法和刑罚的理论基础而存在。根据《元照英美法词典》解释，在刑事实体法中，威慑功能主要表现在两个方面："一是阻止犯罪人再次犯罪；二是阻止他人以相同或类似的方式犯罪。最有力的威慑在于这样一种确定性，即罪犯必将被抓获并受到惩罚，而且不能从犯罪中获得任何利益。"[1] 由此可见，就刑事实体法而言，吓阻理论更多强调的是一种"惩罚性"威慑效果，即通过剥夺犯罪分子在犯罪活动中所获取的利益，如盗赃物、抢劫所得财物等，同时对其施以刑事处罚，如判处一定的监禁刑或者判处其缴纳一定的罚金等，以威慑其不再实施犯罪行为。从特点上来看，"惩罚性"威慑具有较强的外部性和被动性，犯罪分子在实施犯罪行为之后，不仅无法取得相关利益，还会因此而招致刑事处罚。相比较之下，就刑事程序法而言，吓阻理论则更多表现为一种"剥夺性"威慑效果，即通过对非法取证行为所获取之利益（"非法证据"）的否定——

---

[1] 薛波主编：《元照英美法词典》（缩印版），北京大学出版社2013年版，第410页。

排除非法证据，进而消除或者降低相关主体意图继续实施非法取证行为的内在驱动力，从而遏制非法取证行为的再次发生。从特点上来看，"剥夺性"威慑往往具有较强的内在性和主动性。

之所以刑事程序法侧重于"剥夺性"威慑，究其原因在于，在刑事诉讼活动中，取证主体为实现诉讼目的，有时会采取违反法律规定的方式收集证据，如侦查人员采取刑讯逼供等非法方法获取犯罪嫌疑人、被告人供述，采取暴力、威胁等非法方法获取证人证言、被害人陈述，因此，为威慑此类非法取证行为，使其不再发生，非法证据排除规则便应运而生。按照非法证据排除规则的要求，如果取证主体在收集证据的过程中实施了非法取证行为，特别是侦查人员采取非法搜查、逮捕或者刑讯逼供等非法方法收集取证，则该证据应当予以排除，通过对非法利益的剥夺，从而实现威慑效果。不过，非法证据排除规则的威慑效果有时也存在局限性。主要表现在，司法实践中取证主体为规避非法证据排除规则的制约，往往将非法证据的收集作为手段行为，在取得该证据之后，根据其提供的线索又合法收集其他证据（"毒树之果"），此时，在合法取证行为的遮掩下，意图"漂白"毒树之果所含有的"毒性"，从而实现其诉讼目的。例如，侦查人员在采取刑讯逼供的方法取得犯罪嫌疑人供述之后，根据供述内容又以合法方式查找到了作案凶器，对于该凶器之可采性问题，则无法适用非法证据排除规则进行审查认定。由此可见，在只排除基于非法取证行为直接收集的非法证据而采纳"毒树之果"的情况下，取证主体仍然可以在非法取证活动中获取利益，其诉讼目的仍然可以实现，这就造成非法证据排除规则失去了应有的制度作用，威慑作用效果大打折扣。

为弥补这种不足，充分震慑非法取证行为，毒树之果规则便应运而生。只要证据经由非法证据所提供的线索间接取得，并且直接获取该证据的行为具有合法性，除非符合例外情况，否则该证据应当予以排除。由此可见，在适用毒树之果规则的过程中，通过剥离合法取证行为这一"外衣"掩饰，使"毒树之果"本身所含有的"毒性"完全暴露出来。从查明案件事实的角度来看，虽然"毒树之果"可能会对案件事实的查明提供帮助，不过正如美国联邦最高法院在对毒树之果规则进行阐释时指出，"尽管毒树之果规则增加了排除规则的成本，但是提供充分的威慑以确保足以阻止被禁止行为的需要已经证明了这种成本的合理性。只有用对警官们违反第四修正案而直接获得以及间接获得的证据都不采纳的办法来威慑他们，才能给避免这些违法提供充分的刺激"。❶

总之，毒树之果规则的功能在于，通过剥夺取证主体基于先前非法取证行为所获取的利益，从而可以实现吓阻非法取证行为的效果。

（二）权衡理论

如前文所述，吓阻理论侧重于强调威慑效果，因此，在该

---

❶ ［美］约翰·W. 斯特龙主编，汤维建等译：《麦考密克论证据》，中国政法大学出版社2004年版，第342页。

理论影响之下，只要存在非法取证行为，则基于此而取得的证据一般应当予以排除。不过，"法规范或法律本身，是由许多相互对立的、不断地被争论着的各种物质、国家、宗教以及伦理等利益的协力产物"。❶

因此，刑事诉讼的功能不仅仅表现为保障被追诉人的合法权益，还应当兼顾对社会利益的保护。片面追求证据的排除效果，则很有可能会对司法公正性造成损害。特别是对于"毒树之果"而言，其中有些证据可能是客观存在的，如作案凶器、被害人尸体等，当其遭受污染的程度较小却仍然予以排除时，则排除证据所消耗的成本明显小于采纳该证据所取得的收益。因此，纯粹的吓阻理论逐渐开始松动。正如美国联邦最高法院在美国诉卡兰德拉案中提出："尽管具有广泛的威慑作用，但是，排除规则从未被解释为禁止在所有诉讼程序中或者针对所有人运用非法获取的证据。"❷ 此外，在伊利诺伊州诉盖茨案中又进一步指出，"即使是在刑事审判中，排除规则并非不加区分地适用于禁止所有非法获取的证据，而不考虑其成本和收益"。❸

由此可见，对追诉利益和保护个人权利之必要性进行权衡，逐渐成为法院认定证据应否具有可采性的重要考量因素，而这种态度上的转变，使权衡理论在刑事诉讼活动中得以发展。

所谓"权衡理论"，又称利益衡量理论、成本和收益权衡理

---

❶ 宋英辉、汤维建主编：《证据法学研究述评》，中国人民公安大学出版社2006年版，第124页。

❷ United States v. Calandra, 414 U.S. 338 (1974).

❸ Illinois v. Gates, 462 U.S. 213 (1983).

论,是指尽管取证行为非法,但是基于该行为而直接或者间接获取的证据应否予以排除,需要法官对相关利益进行权衡。按照权衡理论的要求,法院在审查认定证据之可采性时,不仅需要考虑其取证行为的非法性,还应当权衡排除该证据将会给社会利益(或追诉利益)造成的影响,如果排除该证据对于社会利益所造成的损失大于对被追诉人个人利益的保护,或者排除该证据致使犯罪分子逃脱法律制裁的社会成本超过对于抑制执法人员非法取证行为的预期效果,在此情况下,法院可以采纳该证据。由此可见,权衡理论为调和刑事诉讼活动中不同利益之间的价值冲突提供了理论依据,也为毒树之果规则的确立提供了重要的理论基础。

不过,由于各国证据制度并不完全相同,因此权衡理论在"毒树之果"可采性的审查认定过程中所发挥的作用也存在差异。在美国,"毒树之果""以排除为原则,以采纳为例外",因此,权衡理论往往成为法院采纳"毒树之果"的重要理论依据。相比较而言,其他国家如英国、德国以及法国等,"毒树之果""以采纳为原则,以排除为例外",因此,权衡理论的适用范围更为广泛,不仅可以成为法院采纳"毒树之果"的理论依据,还可以成为排除"毒树之果"的理论基础。由此可见,权衡理论在这些国家的适用更为灵活,其对"毒树之果"可采性认定活动所发挥的作用更加凸显。

当然,值得注意的是,权衡理论本身也并非尽善尽美。因为它要求法官享有并充分行使自由裁量权,而其"最受诟病之处莫过于衡量结果,事先难以预料,因此具有高度的不确定性

(Unbestimmtheit)及法不安定性(Rechtsunsicherheit)"。❶ 由此可见，在法官可以充分行使自由裁量权的情况下，权衡理论很可能会沦为法官"装饰"其预设之裁决结果的理由。

三、毒树之果规则与相关规则辨析

（一）毒树之果规则与重复性供述排除规则

在刑事诉讼活动中，由于犯罪嫌疑人的供述具有较强的主观性以及不稳定性，容易受到一些因素的影响而出现失真或者反复。为了对供述内容进行核实并予以固定，司法实践中侦查机关往往需要对犯罪嫌疑人进行多次讯问。由此可见，办案机关获取重复性供述具有必要性。

值得注意的是，重复性供述也存在弊端，可能会成为侦查机关规避非法证据排除规则制裁的重要途径。司法实践表明，在刑讯逼供之下，一旦犯罪嫌疑人的心理防线被突破，这种效果便会具有延续性，即使办案人员通过合法方式收集重复性供述，但是出于畏惧心理或者在办案人员的反复"提示"下，犯罪嫌疑人再次作出的供述内容往往与刑讯供述相同，在此情况下，重复性供述便成为办案人员对先前刑讯供述内容的简单再固定。而对于案件中所涉及的多份供述之可采性的问题，如果法院只排除刑讯供述而采纳重复性供述，则无疑为侦查机关提供了一种可以规避非法证据排除规则制裁的有效途径，办案人员通过重复性供述仍然可以实现诉讼目的，此时，非法证据排

---

❶ 林钰雄：《干预处分与刑事证据》，北京大学出版社2010年版，第194页。

除规则的威慑效果必将受到影响。由此可见，在刑事诉讼活动中，重复性供述既有优势，也存在不可忽视的弊端，而重复性供述排除规则的确立有效弥补了这一不足。

所谓"重复性供述排除规则"，是指侦查人员通过采取刑讯逼供或者其他严重损害犯罪嫌疑人人身权益等非法方法获取有罪供述之后，针对同一对象依法取得的、与先前刑讯供述内容相同或者相近的供述，应当予以排除。从定义内容可知，排除重复性供述必须同时具备四个基本条件：一是必须存在非法供述，即先前供述是通过采取刑讯逼供或者严重侵犯人权等非法方法收集；二是重复性供述的提供主体与先前非法供述的主体具有同一性；三是重复性供述的内容与先前非法供述的内容相同或者相近，抑或对非法供述内容的补充；四是重复性供述与先前非法取证行为之间存在因果关系，换言之，重复性供述的作出受到了先前非法取证行为的影响。如果二者之间不存在因果关系或者因果关系由于其他因素的介入发生中断，此时重复性供述原则上具有可采性。

在功能上，鉴于重复性供述排除规则可以有效解决重复性供述之可采性的问题，因此该规则被大多数国家所借鉴。例如，在美国密苏里州诉塞伯特案中，警察在第一次讯问时故意不告知米兰达规则，当获取有罪供述之后，再进行米兰达警告，并在此基础上又取得了塞伯特（Seibert）的重复性供述。最终，美国联邦最高法院以两次供述均不具有可采性为由予以排除。❶又如，《德国刑事诉讼法》第136a条规定，只要被告人的供述

---

❶ 林国强："论审前重复供述的可采性"，载《证据科学》2013年第4期。

受到了法律明确禁止的非法讯问行为的影响，那么该供述将不能作为证据使用。此外，该禁止性规定还具有延续效力，即如果后续供述的作出受到了先前非法讯问行为的波及影响，尽管其获取手段合法，则该供述也不具有可采性。❶ 就我国而言，重复性供述排除规则也得到了确立。根据 2017 年 6 月"两高三部"联合颁布的《关于办理刑事案件严格排除非法证据若干问题的规定》（以下简称《严排规定》）第 5 条之规定，在采取刑讯逼供方法获取供述之后，对于又收集的重复性供述，如果该供述的作出受到先前刑讯逼供行为的影响并且其内容与刑讯供述内容相同，除非符合例外情形❷，否则该重复性供述应当予以排除。

客观而言，从取证程序来看，重复性供述与"毒树之果"的收集程序极为相似，取证方式均涉及非法取证行为与合法取证行为，以致于有学者认为，对于重复性供述应当将其作为"毒树之果"予以排除。❸ 不过，如果仔细分析便不难发现，重

---

❶ 陈瑞华：《比较刑事诉讼法》，中国人民大学出版社 2010 年版，第 185 页。转引自：赵彦清：《受基本人权影响下的证据禁止理论——德国刑事诉讼中的发展》，载《欧洲法通讯》（第四辑）。

❷ 根据《关于办理刑事案件严格排除非法证据若干问题的规定》第 5 条之规定，重复性供述排除规则的例外情况包括两种：一是在侦查阶段，如果侦查人员发生变更，并且再次讯问时告知其诉讼权利和认罪的法律后果，此时犯罪嫌疑人仍然自愿供述的，则该供述具有可采性；二是在审查逮捕、审查起诉和审判期间，检察人员、审判人员讯问时告知其诉讼权利和认罪的法律后果，此时犯罪嫌疑人、被告人仍然自愿供述的，则该供述也具有可采性。由此可见，我国关于例外规定的内容，主要是基于因果关系中断情况的考虑，当办案人员发生变更并且告知诉讼权利以及认罪的法律后果时，一定程度上可以阻断前期刑讯逼供行为对犯罪嫌疑人、被告人造成的波及影响，从而可以保障供述的自愿性。

❸ 龙宗智："两个证据规定的规范与执行问题研究"，载《中国法学》2010 年第 6 期。

复性供述排除规则与毒树之果规则二者之间既具有共性，也存在差异。

首先，二者之间具有共性。具体表现在以下方面。第一，证据的取得均具有间接性。不管是重复性供述还是"毒树之果"，收集程序均具有"两步性"特征，二者与先前非法取证行为之间的关系都是间接的。第二，直接取证行为均具有合法性。尽管重复性供述和"毒树之果"之先前取证行为均具有非法性，但是直接获取二者的取证行为是合法的，这也是二者区别于其他一般非法证据的关键所在。第三，制度功能上具有相同性。不管是重复性供述排除规则，还是毒树之果规则，其价值功能在于：通过排除基于非法取证行为而间接获取的利益，以弥补非法证据排除规则在遏制非法取证行为之效力方面的不足。正如有学者所言，"第一次有罪供述系采用刑讯逼供所取得，毫无疑问应当认定为非法证据而予以排除，但问题在于……非法证据排除规则仅适用于采用刑讯逼供所获取的口供，对于经合法审讯而获取的口供当然不能排除"。❶ 而重复性供述排除规则的确立则有效弥补了这一不足。第四，先前非法取证行为与重复性供述和"毒树之果"之间均存在因果关系。这也是需要排除重复性供述和"毒树之果"的重要基础。

其次，二者之间存在差异。具体表现在以下方面。第一，在内容上，前后证据之间是否一致存在不同。就重复性供述而

---

❶ 万毅："论'反复自白'的效力"，载《四川大学学报》（哲学社会科学版）2011年第5期。

言，其内容往往与先前非法供述内容具有一致性或者相似性；相比较之下，毒树之果的内容则与先前非法证据的内容并不相同，尽管先前非法证据为收集"毒树之果"提供了线索信息，但是，"毒树之果"并非是对先前非法证据内容的重复收集或者再固定，而是以该非法证据为线索又取得的"其他证据"。"'毒树之果'中的'果'应当是独立的新证据，而不是原有证据的重复收集。"❶ 例如，侦查人员采取刑讯逼供的手段获取了作案工具存放地点的供述，并且在该内容的指引下顺利提取到了作案工具。在该案件中，犯罪嫌疑人的供述与作案工具在内容上显然不同。第二，先前非法取证行为对后一证据的影响程度不同。就重复性供述而言，犯罪嫌疑人之所以再次作出供述，很大程度上是受到了先前非法取证行为（如刑讯逼供等）之"余震"的影响，而一旦犯罪嫌疑人没有产生这种畏惧心理，那么重复性供述也就失去了排除基础。相比较而言，尽管"毒树之果"的取得与先前非法取证行为之间也存在因果关系，但是由于提供"毒树之果"的主体与先前非法取证行为所直接作用的对象通常并不相同，其并没有直接受到先前非法取证行为的侵害，因此其在主观心态上所受到的影响较小。

总而言之，毒树之果规则与重复性供述排除规则存在本质差别，在司法实践中应当仔细进行区分。

---

❶ 汪建成："中国需要什么样的非法证据排除规则"，载《环球法律评论》2006年第5期。

(二) 毒树之果规则与米兰达规则

1963年3月3日,美国亚利桑那州的一名妇女在被强奸后立即报了警,3月13日,警察根据被害人的描述将犯罪嫌疑人米兰达抓获,并且经过被害人辨认,明确指认米兰达正是对自己实施强奸行为的犯罪分子。警察随即对米兰达展开审讯。不过在审讯过程中,警察没有向米兰达告知其享有沉默权和获得律师帮助权,也没有告知米兰达其所作的供述将会招致不利的后果。就这样,在接下来长达两个小时的审讯中,米兰达交代了犯罪事实。在法庭审理过程中,米兰达及其辩护律师认为,警察的审讯行为侵犯了米兰达所享有的宪法第五修正案的权利,并以此为由提出排除供述的申请。不过这一诉讼主张并未获得法院的支持,法院最终依据供述内容判处米兰达构成强奸罪和绑架罪。米兰达对此判决不服提出上诉,但是上诉法院以及亚利桑那州最高法院均作出了维持原判的裁决。

该案最终引起了美国联邦最高法院的重视,并且在发出调卷令(certiorari)❶之后举行了听证会。当然,听证会同时对其他三起案件❷也一并进行了审查,因为这四起案件具有共同特点:"(1)每个嫌疑人都处于羁押状态(其中有三个人已经被逮捕,另外一个人也马上面临着正式逮捕);(2)他们在讯问室接受了讯问;(3)讯问活动是在警察居主导地位的环境下进行

---

❶ "在美国,调卷令是上诉法院签发给下级法院要求其将某一案件的诉讼记录移交给其审查的一种特别令状。联邦最高法院将调卷令用作其选择复审案件的工具。"参见薛波主编:《元照英美法词典》(缩印版),北京大学出版社2013年版,第208-209页。

❷ Vignera v. New York、Westover v. United States、California v. Stewart.

的：在讯问过程中，嫌疑人一个人面对着多名警察；（4）没有告知这些嫌疑人他们享有反对强迫自证其罪的特权。"❶ 在经过听证之后，美国联邦最高法院参与听证活动的9位大法官最终以5比4的微弱优势形成了撤销原审判决的裁决结果。米兰达规则也得以确立。根据米兰达规则的要求，警察在讯问嫌疑人之前应当告知其所享有的特定权利，之所以要求警察履行告知义务，目的在于：一方面，有助于保护"无知被告"的合法权益，因为接受警察审讯的犯罪嫌疑人并不是对自己所应当享有的沉默权、获得律师帮助权都了解，因此需要警察明确告知相关权利，以确保审讯活动的公正性；另一方面，通过告知犯罪嫌疑人权利，也可以对警察自身起到警示作用，具言之，如果违反告知义务，则由此所取得的自白原则上不得作为证据使用。❷ 由此可见，违法米兰达规则的直接后果在于，基于该审讯行为所获取的供述不具有可采性。

从上述内容可知，米兰达规则在一定程度上影响着供述的证据能力，那么其对毒树之果规则的适用也产生着重要作用。主要表现在以下两个方面。

第一，如果讯问程序违反了米兰达规则，那么以该供述为线索继而又取得的其他证据是否属于"毒树之果"？并且该"其他证据"应否适用毒树之果规则予以排除？例如，警察未经宣读米兰达规则即直接对犯罪嫌疑人进行了审讯，并且根据该供

---

❶ [美]约书亚·德雷斯勒，[美]艾伦·C. 迈克尔斯著，吴宏耀译：《美国刑事诉讼法精解》，北京大学出版社2009年版，第479页。
❷ 王兆鹏：《美国刑事诉讼法》，北京大学出版社2014年版，第262页。

述内容查找到了作案凶器或者赃物,在此情况下,凶器或者赃物应否属于"毒树之果"?此外,被告人可否依据毒树之果规则申请将其予以排除?关于该问题,美国密歇根州诉塔克案❶给出了答案。

1966年4月19日清晨,美国密歇根州的一名妇女被发现在家中遭到强奸,被害人的朋友路德·怀特(Luther White,下文简称"怀特")立即报了警,在此期间,一只狗引起了怀特的注意,因为这只狗并不属于被害人所有。在警察赶到时,怀特将这一情况告诉了警察,警察跟着这只狗来到了塔克的家中,逮捕了塔克并将其带回警察局接受讯问。在正式开始讯问之前,警察向塔克询问了三个问题:他是否已经知晓被逮捕所涉嫌的罪行?是否需要律师帮助?以及是否知道自己所享有的宪法权利?在塔克作出回答❷之后,警察进一步告知,其所作出的任何供述都有可能成为法庭上不利于他的证据。不过,警察没有告知的是,如果塔克自己没有钱支付律师费用的话,在此情况下可以免费为其提供律师服务。紧接着,警察开始对塔克进行了正式审讯。根据塔克交代,案发当晚他先是和一名叫罗伯特·亨德森(Robert Henderson,下文简称"亨德森")的人在一起,之后独自一人在家睡觉。随后,警察找到了亨德森进行调查核实,根据亨德森的证言,案发当晚他确实和塔克在一起,不过很早就离开了,但是第二天他看见塔克脸上有划痕,在询问中得知是被住在下一个街区的一名妇女抓的。就该案件而言,尽

---

❶ Michigan v. Tucker, 417 U.S. 433 (1974).
❷ 塔克回答说,自己已经知道被逮捕所涉嫌的罪行以及所享有的宪法权利,并且表示不需要律师帮助。

管犯罪行为以及审讯活动发生在米兰达规则确立之前，不过，由于该案的审判活动发生在米兰达规则确立之后，按照溯及既往的原则，法院以警察的审讯行为违反了米兰达规则为由排除了塔克的供述，但是对于塔克提出的排除亨德森证言的动议却予以了否定，并最终判处塔克构成强奸罪，处以20年至40年的监禁。

在该案中，亨德森的证言是基于非法证据（警察违反米兰达规则而收集的供述）提供的线索所取得，因此该证据属于"毒树之果"已是不争的事实，但是，对于应否根据毒树之果规则将其予以排除的问题则争议较大。事实上，该问题在本质上直接涉及一个关键性问题：在违反米兰达规则基础上所取得的"毒果"能否依据毒树之果规则予以排除？换言之，米兰达规则是否属于一项宪法性权利？而对于该问题，美国联邦最高法院提出的意见直接切中要害，"这些程序性保护措施本身并非是受宪法保护的权利，而是为了确保反对自我归罪特权得到保护的措施"。[1] 对于该阐释内容的理解，美国主流观点认为，"在进行羁押讯问前，如果警察没有以适当的方式对嫌疑人进行米兰达警告，那么，该行为本身并没有侵犯第五修正案，因此，该行为本身不会导致所获得的自白具有非任意性，相反，没有进行全面的米兰达警告，仅仅违反了为防止发生真正的违宪行为而由司法机关创设的程序性保障"。[2] 由此可见，美国联邦最高法院的意见主要包含两层意思：一是米兰达规则本身不是美国

---

[1] Michigan v. Tucker, 417 U. S. 433（1974）.
[2] ［美］约书亚·德雷斯勒，［美］艾伦·C. 迈克尔斯著，吴宏耀译：《美国刑事诉讼法精解》，北京大学出版社2009年版，第494页。

宪法第五修正案所规定的权利，而只是一项预防性保护措施；二是对于违反米兰达规则而获取的"毒树之果"的可采性问题，不适用毒树之果规则。

第二，如果在非法逮捕或者非法扣押嫌疑人之后，警察在正式审讯之前宣读了米兰达规则，那么，该告知行为是否可以稀释先前非法取证行为（非法逮捕或者非法扣押）对"毒树之果"造成的"污染"？换言之，在此情况下，该"毒树之果"应否具有可采性？例如，警察在没有逮捕令（也没有正当理由）的情况下逮捕了嫌疑人Y，并将其带回警察局讯问；在正式开始讯问之前，警察向Y宣读了米兰达规则，Y表示自愿放弃米兰达权利并作出了供述，警察根据该供述提供的线索找到了其他证据。在该案中，警察依法告知米兰达规则的行为是否可以稀释先前非法逮捕行为对其他证据（"毒树之果"）产生的"污染"？对于该问题，美国的布朗诉伊利诺伊州案[1]提供了一些借鉴思路。

1968年5月13日傍晚，两名警探在既没有任何令状（包括搜查令和逮捕令），也没有正当理由的情况下闯入布朗家中搜查，并以涉嫌谋杀罪（杀害罗杰·科珀斯）为由将其逮捕，随之将布朗带至警察局进行审讯。在正式开始讯问之前，警察宣读了米兰达规则，布朗表示放弃米兰达权利并作出了有罪供述。在庭前听证过程中，布朗提出警察对其所实施的逮捕和扣押行为是非法的，而在此基础之上所收集的供述侵犯了其宪法权利，应当予以排除。不过，这一动议遭到了法庭的否决，并最终判

---

[1] Brown V. Illinois, 422 U.S. 590 (1975).

处布朗构成谋杀罪，处以15年至30年的监禁。布朗不服提出上诉，伊利诺伊州最高法院认为，米兰达规则的告知阻断了非法逮捕行为与作出供述之间的因果关系，在完全自愿情况下作出供述的行为洗雪了先前非法逮捕行为的污染。因此，伊利诺伊州最高法院维持了原审判决。不过，美国联邦最高法院对此提出了反对意见，认为如果只要存在米兰达规则告知就可以减弱违宪逮捕行为所造成的污染，而无视该行为是否出于恶意或者具有目的性，那么排除规则的效果就会被实质性稀释（substantially diluted）。而这种通过简单的米兰达权利告知就可以使证据在庭审中具有可采性的方式，会鼓励警察为了讯问或者调查而在缺乏令状或者正当理由的情况下实施非法逮捕行为。由此不难发现，美国联邦最高法院并不认可单纯的米兰达规则告知行为能稀释先前非法取证行为的污染，若能稀释将会损害排除规则的适用效果。

在上述案件中，米兰达告知行为之所以不能稀释先前非法取证行为的污染性，原因在于非法逮捕、非法搜查行为侵犯的是美国宪法第四修正案所规定的权利，换言之，先前非法取证行为具有违宪性。而正如前文所述，米兰达规则只不过是一项预防性保护措施，因此，对于严重的违宪行为，仅仅依靠米兰达告知不足以稀释先前非法取证行为所造成的污染。由此可见，先前非法取证行为的违法性质，对于认定米兰达告知能否稀释"毒树之果"所受到的污染发挥着关键性作用。

CHAPTER 03 >> 第三章

毒树之果规则的他山之石

在域外，关于"毒树之果"❶的可采性问题，早在1979年9月于汉堡召开的第十二届国际刑法大会❷中就有所涉及，根据"刑事诉讼中的人权保护"（The protection of human rights in criminal

---

❶ 正如前文所述，"毒树之果"一词并非一个专业的法律术语，而是对"基于非法证据又合法收集的其他证据"的概称，"毒树之果"这一概念主要被运用于美国的司法实践活动中。除美国以外，尽管有些国家在判例中也提及"毒树之果"的概念，但是鲜有将此类证据直接命名为"毒树之果"，而是直接以证据的形态进行表述，如尸体、手枪、毒品等。为保证概念上的统一性，因此本书中笔者将域外其他国家的此类证据统称为"毒树之果"。

❷ 国际刑法学协会最早成立于1924年，其前身是由李斯特（Franz von Liszt）、哈迈尔（Gerard Anton van Hamel）、普林斯（Adolphe Prins）发起创立的国际刑法学联盟（Union Internationale de droit pénal），该协会的宗旨是：为世界各国从事刑事法律研究的学者和司法实务人员提供交流与沟通的平台，以推动国际刑事法律理论与实践的发展。国际刑法大会是其主要活动内容之一，该会议每5年召开一次，我国于1984年首次派代表出席大会。

proceedings）专题决议第 4 条（1）之规定，"通过侵犯人权的手段（如酷刑或者残忍、不人道以及有辱人格的待遇）直接或间接地取得的证据不具有可采性"。❶ 此外，1994 年 9 月在里约热内卢召开的第十五届国际刑法大会之关于"刑事诉讼改革运动与人权保护"（Reform movements in criminal procedure and the protection of human rights）专题决议中，对"毒树之果"的可采性问题又作出了进一步强调，根据该决议第 18 条之规定，"以侵犯基本权利的手段取得的任何证据，包括任何派生证据，在诉讼的任何阶段均是无效的，不具有可采性"。❷ 由此可见，排除"毒树之果"已经得到国际社会广泛肯认。

不过域外实践表明，"应当予以排除"并不等于"必须予以排除"。事实上，除了美国以外，毒树之果规则能否被其他国家所借鉴，这往往与不同国家的政治经济、文化传统、刑事政策以及诉讼制度等诸多因素紧密相关。总体而言，各国对于"毒树之果"可采性的处置情况一般可以归纳为三种模式：第一种模式，"以排除为原则，以采纳为例外"，如美国；第二种模式，"以采纳为原则，以排除为例外"，如德国、英国等；第三种模式，立法层面未对"毒树之果"的可采性作出明确规定，但是司法实践中往往予以采纳，如中国。相比较而言，在前述三种处置模式中，除了美国采用第一种处置模式以外，其他国家在借鉴毒树之果规则的过程中大都趋于采取第二种处置模式处理"毒树之果"的可采性问题。例如，德国在借鉴毒树之果规则的

---

❶《国际刑法大会决议》，赵秉志等编译，中国法制出版社 2011 年版，第 70 页。
❷《国际刑法大会决议》，赵秉志等编译，中国法制出版社 2011 年版，第 122 页。

过程中，将其有益成分融入本国的证据禁止制度之中，"毒树之果"不再是绝对可以采纳的证据，在符合一定条件下，"毒树之果"也可以予以排除。综合来看，尽管不同国家对毒树之果规则的借鉴形式、借鉴程度有所不同，但是在该规则的影响之下，通过构建毒树之果规则从而有效解决"毒树之果"的可采性问题，已经成为各国刑事诉讼制度改革发展进程中不容忽视的重要问题。反观域外其他国家，通过对借鉴毒树之果规则的不同方式进行深入研析，可以为我国科学构建毒树之果规则奠定重要基础。

第一节 大相径庭的普通法系国家

一、"以排除为原则，以采纳为例外"的处置模式

众所周知，毒树之果规则最早起源于美国。从司法实践情况来看，该规则在美国的确立及其发展主要经历了三个阶段。第一阶段，毒树之果规则的思想起源。早在1920年西夫索恩木材公司案中，作为裁决书的执笔人，霍姆斯（Holmes）法官表示，"法律规定禁止以某种特定方式获取证据的本质在于，由此获得的证据不仅不能在法庭上使用，而且其根本就不能用"。❶尽管该内容并没有进一步对基于非法取证行为间接取得的证据

---

❶ Silverthorne Lumber Co., Inc. v. United States, 251 U.S. 385 (1920).

("毒树之果")之可采性的问题作出更为明确、详细的阐释，不过却为毒树之果规则的确立奠定了重要基础。第二阶段，毒树之果规则的确立。在1939年纳顿案中，弗兰克福特（Frankfurter）法官在裁决书中首次运用了"毒树之果"的概念，他指出：基于非法窃听而间接取得的其他证据属于"毒树之果"，应当予以排除。可以说该判例的重要意义在于正式确立了毒树之果规则。第三阶段，毒树之果规则的改革发展。毒树之果规则的确立为有效解决"毒树之果"的可采性提供了重要途径，不过司法实践中法院一直秉持绝对排除的态度，而这种"僵硬化"的处置方式造成的一些问题也逐渐暴露出来，如警察不知该如何执法、打击犯罪的效率明显降低等。为及时弥补这些不足，法院通过判例又确立了几项例外规定作为补充，即："稀释的例外"（purged taint exception）、"必然发现的例外"（inevitable discovery exception）以及"独立来源的例外"（independent source exception）。最终形成了"以排除为原则，以采纳为例外"的处置模式。由于本书开篇已经对毒树之果规则的起源及其确立有所论述，因此该部分内容主要针对毒树之果规则的例外情况展开讨论。

（一）稀释的例外

毋庸置疑，"毒树之果"是先前非法取证行为的延伸所得，换言之，"毒树之果"受到了先前非法取证行为的污染。那么，排除标准应当如何把握？证据材料一旦被认定为"毒树之果"，是否便意味着该证据不具有可采性而应当予以排除？抑或是否还需要结合其他因素综合考量，如"毒树之果"与先前非法行为之间的因果关系紧密程度？显然，前者属于严格意义上的毒树之果规则，而后者则更具有灵活性。应当看到，这一问题并非随着毒树之果规则的适用才逐步浮出水面，事实上，早在1939年纳顿案件的裁决书中，美国联邦最高法院其实就已经指出了它的重要性，但是鉴于不宜在下级法院没有主动对相关问题提出疑议的前提下，"放纵自己对审判记录做过多吹毛求疵的评述"，故而该问题在美国一直处于被强调、却未专门解决的状态，直至1963年王孙诉美国联邦政府案❶的发生。

这是一起涉及四人的毒品案件。在该案中，美国联邦缉毒人员在经过6个星期的监控之后，于1959年6月4日凌晨两点左右将嫌疑人霍姆·魏（Hom Way，下文简称"魏"）逮捕，并且在其身上查获了海洛因。据其供述，海洛因是从一个名叫布莱克·托侬（Blackie Toy）的人那里购买的，他是一家洗衣店的老板。于是，根据魏提供的线索，缉毒人员于凌晨6点左右来到了这家洗衣店，并且在没有逮捕令的情况下（破门而入）将嫌疑人詹姆斯·华·托呀❷（James Wah Toy，下文简称"托呀"）抓获，不过，经过搜查，缉毒人员并没有在其住处查获任何毒品。经过一番讯问，托呀对其涉嫌贩卖毒品的犯罪事实予以否认，但是其供述了约翰尼·伊（Johnny Yee，下文简称"伊"）存在贩卖毒品的事实，并且提供了伊的详细住址。据此

---

❶ Wong Sun v. United States, 371 U. S. 471 (1963).
❷ 值得注意的是，尽管洗衣店的地址相同，但是，魏供述中所提及的洗衣店老板（布莱克·托侬）与缉毒人员在搜查过程中实际逮捕的洗衣店老板（詹姆斯·华·托呀）二者并非同一个人。而且从案卷记录来看，也没有证据表明詹姆斯·华·托呀与布莱克·托侬二者就是同一个人。

线索，缉毒人员又顺利地抓获了伊，并且在其住处查获了海洛因。经过审讯，伊供述说，该海洛因是由托呷和一名叫做"海狗"（"Sea Dog"，即王孙）的人向其出售的，并且供述了王孙的住址。据此线索，缉毒人员又顺利地抓获了王孙，但是没有在其住处发现任何毒品。上述犯罪嫌疑人均被缉毒人员带至麻醉药品管理局办公室接受进一步审讯❶，在讯问结束后，托呷、伊以及王孙均以具结的方式获得保释。不过，就在王孙因具结而获得保释几天之后，其又自愿回到麻醉药品管理局办公室作出了供述。最终，美国联邦地区法院以托呷和王孙明知是非法进口的海洛因而故意采用欺诈方法进行贩卖和隐藏为由，依据《美国联邦法典》第21卷第174条之规定，判处其犯罪行为成立。并且上诉法院认为，尽管在未取得逮捕令的情况下所实施的逮捕行为违法，但是托呷（在被逮捕时）所作的供述、伊处查获的海洛因、托呷在审前未签名的供述记录以及王孙所作的类似供述❷（similar statement）不属于非法逮捕行为的"果实"，具有可采性，因此，维持了初审法院的判决。被告人不服，又继续向美国联邦最高法院提起上诉。

  关于该案，争议的焦点在于初审法院采纳的上述四种证据是否具有可采性。在详细论证缉毒人员对于托呷的逮捕行为既没有合理基础，也不具备合理根据故系非法逮捕后，美国联邦最高法院明确表示应当排除托呷在其住所内所作之陈述。但是

---

❶ 讯问结束后，托呷和王孙均没有在供述记录上签名。
❷ 此处的"类似供述"，是指王孙被释放后，其又再次回到麻醉药品管理局办公室自愿作出的供述。

对于在伊家里查获的海洛因以及王孙作出的类似供述是否具有可采性，美国联邦最高法院指出：

> 首先，关于在伊家里查获的海洛因。鉴于控方坦率地承认，"如果没有托呷先生的帮助，我们根本不会找到这些毒品"。因此，在伊家里查获的海洛因显然不具备1920年西夫索恩木材公司案中所提及的"独立来源"，而且该海洛因与非法逮捕托呷的行为之间的关系，也没有像1939年纳顿案中存在明确的"被稀释到足以消除非法证据造成之污染的程度"。因此，从伊家里查获的海洛因属于"毒树之果"应当予以排除，不能作为指控托呷的证据使用。

> 其次，关于王孙所作的类似供述。由于王孙在被释放后又自愿回到麻醉药品管理局办公室作出供述的这一行为使逮捕与供述之间的联系变得如此微弱，以至于稀释了先前非法取证行为所造成的污染。因此，该类似供述具有可采性。

由此可见，美国联邦最高法院对王孙所作的类似供述可采性的裁决结果为毒树之果规则确立了一项例外规定，即"稀释的例外"。

所谓"稀释的例外"，是指如果先前非法取证行为与"毒树之果"之间的因果关系受到了其他因素（包括外部因素和内部因素）的影响，致使污染足以得到稀释，则该"毒树之果"便具有可采性。由此可见，"即使某项证据与此前的违法行为存在因果联系，即使树是毒树，如果这种因果联系超过了一定限度，那么，该毒树上的果实将足以消除违法行为的污染，因而可以作为证据用于之后的刑事审判活动"。❶ 通常而言，关于"毒素"之稀释因素，可以从外部因素和内部因素两个方面进行考量。

第一，外部因素。所谓"外部因素"，是指除了先前非法取证行为和"毒树之果"自身以外的、能够对"毒素"产生稀释作用的因素。此类因素主要表现为"其他事由的介入"。例如，在王孙案中，王孙在被释放后又自愿回到麻醉药品管理局办公室作出供述，以致于法院最终采纳了该份供述，究其原因在于，"自愿供述"这一介入因素使"毒素"得以稀释。不过值得注意的是，并非所有的"自愿供述"（或者称为自愿性因素）都可以对"毒素"起到稀释作用，只有在自愿性因素足以阻断或者减弱先前非法取证行为所造成影响的情况下，才能够对"毒素"产生稀释效果。就王孙的自愿供述而言，实际上是由三个因素组成：释放＋自愿返回＋自愿供述。如果缺少了前两个因素的基础作用，则该自愿供述无法实现稀释效果。换言之，如果王孙是在审讯过程中所作出的自愿供述，那么即使供述是王孙自愿作出的，也难以实现稀释效果。

第二，内部因素。所谓"内部因素"，是指先前非法取证行为或者"毒树之果"自身所含有的、能够对"毒素"产生稀释作用的因素。此类因素主要包括以下几种情形。一是先前非法取证行为的违法程度。作为"污染源"，非法取证行为的违法性越严重，则"毒素"也就越难以得到稀释；反之，如果非法取

---

❶ [美] 约书亚·德雷斯勒，[美] 艾伦·C. 迈克尔斯著，吴宏耀译：《美国刑事诉讼法精解》，北京大学出版社 2009 年版，第 415 页。

证行为的违法性较为轻微,则"毒素"也往往容易获得稀释。例如,如果侦查人员通过酷刑等严重侵犯公民基本权利的方法获取有关作案工具藏匿地点的供述后,以该供述为线索顺利获取了作案工具,在此情况下,由于酷刑行为的违法性较为严重,因此,作案工具所含有的"毒素"很难得到稀释。相比较而言,如果侦查人员的非法行为只是违反了一般程序性规定(如没有在讯问笔录上签字),则基于该先前非法取证行为而取得的"毒树之果",其"毒素"无疑更容易被稀释。二是"毒树之果"自身的证据属性。在王孙案中,美国联邦最高法院指出,"在本案中,与非法侵入行为取得的实物证据的'毒果'相比,源于联邦缉毒人员非法侵入和非法逮捕行为而间接取得的言词证据也属于毒树之果,二者的性质并无不同。排除规则所依据的基本政策并不要求对实物证据和言词证据进行逻辑区分"。❶ 不过,这一观点在美国诉塞科林妮案❷中得以修正。在该案中,美国联邦最高法院指出,"相比较而言,枪支或者文件等证据只能被动等待发现,而证人证言则不同,证人完全可以在自愿的情况下主动提供,并且这种意愿越强烈,污染也就越容易被稀释"。由此可见,就"毒树之果"的"毒素"而言,美国联邦最高法院认为言词证据比实物证据往往更容易得到稀释。

(二)必然发现的例外

随着毒树之果规则实践的不断深入,另一个司法难题也显

---

❶ Wong Sun v. United States, 371 U. S. 471 (1963).
❷ United States v. Ceccolini, 435 U. S. 268 (1978).

露出来：尽管获取证据的方式非法，但是如果采取合法手段最终也必然会发现该证据，在此情况下，该证据是否具有可采性？为解决该问题，美国联邦最高法院在尼克斯诉威廉姆斯案❶中作出了回应。

1968年12月24日，帕梅拉·鲍尔斯（Pamela Powers）在陪父母观看一场体育比赛期间失踪。根据一个小男孩（14岁）的证言，他看见威廉姆斯（Williams）扛着一个用毛毯卷着的大包裹，并帮助其打开了车门，同时报告中还显示，他还看见毛毯里露出了两条腿，又瘦又白。第二天，在得梅因（Des Moines）与达文波特（Davenport）之间，又陆续发现了威廉姆斯的汽车、被害人的衣服以及军用毛毯等相关证据。警方推测，被害人（或者其尸体）有可能被隐藏在二者之间的某个地方，于是组织了一支由200名志愿者组成的搜索队展开搜索，搜索的范围包括所有的道路、废弃的农场建筑、沟渠、涵洞以及任何其他可能隐藏小孩尸体的地方。就在搜索队进行搜索的同时，威廉姆斯向达文波特当地警局自首，并且会见了律师。不过警察表示，他们要将威廉姆斯带回得梅因，在此期间，不会对犯罪嫌疑人进行讯问，于是嫌疑人在两名警察的羁押下驱车赶往得梅因。在返回途中，一位名叫李明（Leaming）的警察开始与威廉姆斯进行交谈，"预报说今晚可能会有大雪，我觉得你是唯一知道尸体所在地点的人，如果大雪覆盖了尸体，可能就连你自己也找不到了。既然我们会途径尸体藏匿的地点，我觉得我

---

❶ Nix v. Williams, 467 U. S. 431（1984）.

们可以停下来找到尸体，这样一来，小孩儿的父母就能够为她举行一个葬礼。否则，暴风雪过后，我们可能再也找不到尸体了"。警察最后说道，"我不是想让你回答我……你只需要考虑一下即可……"过了不久，威廉姆斯供述了被害人尸体藏匿的地点，根据该供述内容，警察顺利地找到了被害人的尸体。不过值得注意的是，一支搜索队已经离尸体仅有两英里半的距离，如果不停止搜查，估计再有3~5个小时就可以找到尸体。经审理，初审法院认为威廉姆斯构成一级谋杀罪，并判处终身监禁。被告人不服提出上诉。经审查，上诉法院认为，"警察获取被告人有罪供述的行为侵犯了获取律师帮助权，不过，尽管威廉姆斯的有罪供述不具有可采性，但是根据'即使没有被告人提供的线索，最终也会发现被害人尸体地点'的理论，有关于尸体地点及其状况的证据仍然可以具有可采性"。因此，上诉法院维持了判决。被告人不服，又继续上诉到美国联邦最高法院。

关于该案，争议的焦点在于：警察李明在与威廉姆斯谈话之后所取得的相关证据是否具有可采性，包括尸体、尸检报告所显示的身体状况等。辩护方认为，在没有律师参与的情况下，警察李明的谈话行为侵犯了威廉姆斯所享有的获取律师帮助权，因此，基于此而后续取得的其他证据属于"毒树之果"应当予以排除。不过美国联邦最高法院指出，"如果不诉诸警察的错误或者不当行为，这些受到质疑的证据也必然会被发现，警察的错误或者不当行为并不足以对证据产生污染，因此，这些证据具有可采性"。可以说该案的重要意义在于，美国联邦最高法院通过该裁决为毒树之果规则确立了一项新的例外，即"必然发现的例外"。

所谓"必然发现的例外",是指即使没有实施非法取证行为,证据最终也可以或者必然被发现,在此情况下,该证据则具有可采性。关于毒树之果规则之"必然发现的例外",主要涉及以下两个方面的问题。

第一,"必然发现的例外"以"假设"为前提。在尼克斯案中,实际上警察并没有真正依靠合法途径(或线索)找到被害人的尸体,而是出于一种假设:如果搜索队继续展开搜索,那么尸体最终必然会被找到。正如上诉法院在裁决中所言:事实上,这是一个"假设的独立来源的例外"(hypothetical independent source exception)。由此可见,必然发现的例外又可以称为"假设的独立来源的例外",该例外情况以假设为前提。

第二,"必然发现的例外"以"优势证据证明"为标准。由于"必然发现的例外"在适用过程中以假设为前提,因此,正如尼克斯案中上诉法院所指出,"当被告人证明警察存在非法取证行为之后,控方应当以优势证据进行证明:(1)警方并非以尽快找到这些(遭受质疑的)证据为目的而恶意采取行动;并且(2)通过合法手段也将会发现这些(遭受质疑的)证据"。此外,大法官布伦南(Brennan)也补充道,"在认定控方已经就该问题实现证明责任的结论之前,有必要要求控方提供清楚且令人确信的证据。提高证明责任有助于使事实调查者(factfinder)认识到裁决的重要性,并因此降低采纳非法获得的证据的风险"。由此可见,"该例外要求证明控方本来'会'(would)——而不是'或许'(might)或者'可能'(could)——以适当的方式获得受到质疑的证据"。❶ 客观而言，该例外规定对于控方需要证明的"必然发现性"提出了更高的要求，详言之，一旦辩护方提出排除"毒树之果"的申请，如果控方意图以"必然发现的例外"作为提请法院采纳该争议证据之理由，此时证明活动必须能够达到"优势证据"的程度，否则该证据则不具有可采性。

（三）独立来源的例外

正如前文所述，早在1920年西夫索恩木材公司案中，美国联邦最高法院就曾指出，"法律规定禁止以某种特定方式获取证据的本质在于，由此获得的证据不仅不能在法庭上使用，而且其根本就不能用。当然，这并不意味着建立在此基础上之相关事实的认定会变得神圣且遥不可及。如果关于这些事实的信息可以从一个独立来源（an independent source）获得，则其同样能够像其他事实一样获得证明"。❷ 由此可见，毒树之果规则的思想起源判例中就已经涉及"独立来源的例外"的概念，只不过由于法院没有对其适用范围作出详细界定，司法实践中往往将这一例外规定主要适用于非法取证行为所直接获取的证据，而对于以非法取证行为为基础所间接获取的证据（"毒树之果"）能否予以适用的问题，则不甚明确。直到默里诉美国联邦政府案❸的出现，美国联邦最高法院才正式对该问题作出正面

---

❶ [美] 约翰·W. 斯特龙主编，汤维建等译：《麦考密克论证据》，中国政法大学出版社2004年版，第350页。

❷ Silverthorne Lumber Co., Inc. v. United States, 251 U. S. 385 (1920).

❸ Murray v. United States, 487 U. S. 533 (1988).

阐释。

在默里案中，根据线人提供的信息，美国联邦执法人员对迈克尔·F. 默里（Michael F. Murray，下文简称"默里"）及其同伙实施了监控。1983年4月3日下午（1点45分左右），执法人员发现默里驾驶一辆卡车、詹姆斯·D. 卡特（James D. Carter，下文简称"卡特"）驾驶一辆露营车进入一个仓库，在停留了约20分钟后便驱车离开。随之执法人员依法对车辆进行扣押，经过搜查，在这两辆车上都发现了大麻。在得知这一信息后，（负责对仓库进行监视的）几名执法人员随即强行进入了仓库，他们发现仓库里并没有人，但是看见有许多用麻布包起来的包裹（后来发现里面装有大麻）。他们在没有打开包裹的情况下撤离了仓库，并继续对其进行监控，一直等到取得搜查令才再次进入。在申请搜查令的时候，执法人员没有提及曾有进入该仓库的行为，也没有以在仓库内之所见作为申请搜查令的依据。在第二次（持有搜查令）进入仓库之后，执法人员查获了270包大麻以及记录了预定这些包裹的客户的笔记本。在法庭审理前，辩护方以搜查令受到先前非法搜查行为的污染为由提出了排除在仓库内所发现的证据的动议，不过该请求并未获得法院的支持，初审法院依据这些证据判处默里和卡特构成共谋持有和销售违禁品罪，并且上诉法院对该裁决作出了维持决定。被告人不服，又继续向美国联邦最高法院提出上诉。最终，美国联邦最高法院作出了撤销原判、发回重审的裁定。

关于该案，争议的焦点在于："独立来源的例外"之适用范围是否可以延伸至基于非法取证行为而间接取得的证据？上诉方认为，它只适用于在独立的合法搜查期间首次获得的证据。而控诉方则认为，它也适用于在最初非法搜查期间发现的、或者作为非法搜查的结果，但是之后又通过没有受到最初非法行为污染的行为而独立获取的证据。美国联邦最高法院指出，"'独立来源'这一概念既可以在较为宽泛的意义上使用，也可以在较为具体的意义上使用。在宽泛的意义上，可以适用于所有证据"。此外，"独立来源原则的政策基础在于：控诉方不应该从非法（取证）行为中获利，不过，也不应当被置于与没有发生非法行为相比更为糟糕的境地。只要后来的合法扣押行为真正独立于先前的、受到污染的扣押行为，那么就没有理由不适用独立来源原则"。据此，法院认为控诉方的主张更具合理性。由此可见，该案的重要意义在于，美国联邦最高法院通过该案进一步明确了毒树之果规则之"独立来源的例外"。

所谓"独立来源的例外"，是指尽管通过非法取证行为取得了收集其他证据的线索，但是如果能够证明该其他证据的获取事实上并非先前非法行为的实际结果，而是通过独立于该线索之外的、未受到任何污染的途径或者方法取得，在此情况下，该其他证据则具有可采性。例如，警察非法逮捕了犯罪嫌疑人A，经过审讯，A供述了被害人尸体的藏匿地点，就在警察准备出发赶往藏尸地点时，接到了公民B的举报，其提供了尸体藏匿地点的信息，而该信息与A供述的线索完全相同。警察最终也确实在该地点发现了被害人的尸体。就该案件而言，关于藏匿被害人尸体地点的线索可以通过两种方式取得：一是犯罪嫌疑人A在供述中所提供的线索；二是公民在举报电话中提供的线索。在此情况下，警察通过犯罪嫌疑人 A 所提供的线索找到的被害人尸体不可采这一事实，并不能阻碍尸体最终被作为证据采纳，因为警察事实上可以通过"独立来源"获取该证据。

当然，在适用这一例外规定过程中，如何有效认定某证据的取得是否"真正"具备"独立来源"，成为其能否具有可采性的关键所在。在默里案中，美国联邦最高法院指出，"如果执法人员申请搜查令的决定是基于其最初（非法）进入仓库时所见，或者如果执法人员将（非法）进入仓库期间所获取的信息提供给了法官并对其签发搜查令产生了影响，则依据该搜查令而实施的搜查行为就不具备真正的独立来源"。[1] 由此可见，对于"独立来源"的审查，可以结合以下因素进行考量：一是对于采取非法取证行为获取收集其他证据的线索之前，如果已经通过独立于非法取证行为的、无污染的其他途径取得该线索，此时可以认定具备"独立来源"；二是对于采取非法取证行为获得收集其他证据的线索之后，并且在着手开始收集该证据之前，如果又通过其他途径或者方法取得了该线索，此时也可以认定具备"独立来源"；三是控诉方必须提供证据对"事实上"存在"独立来源"的诉讼主张进行证明。

综上所述，美国毒树之果规则采取"以排除为原则，以采纳为例外"的模式，注重在强调以排除为原则的同时，辅之以例外规定，促使毒树之果规则的应有效用得以充分发挥。横向比较而言，尽管"毒树之果"在符合任意一种例外情况之下均

---

[1] Murray v. United States, 487 U. S. 533 (1988).

具有可采性，但是三项例外规定彼此之间也存在明显区别。

首先，"毒树之果"的取得与先前非法取证行为之间是否以存在因果关系为标准，"稀释的例外"与"必然发现的例外"和"独立来源的例外"之间存在显著差异。详言之，"稀释的例外"以存在因果关系为基础，只不过受到某些因素的影响，"毒素"得以"稀释"；而在"必然发现的例外"以及"独立来源的例外"的情况下，"毒树之果"的取得与先前非法取证行为之间并不存在因果关系。

其次，以事实上是否存在独立来源为标准，"必然发现的例外"与"独立来源的例外"之间存在显著差异。就前者而言，正如前文所述，"必然发现的例外"又可以称为"假设的独立来源的例外"，其并非在事实上确实存在独立来源，这种"独立来源"只是一种假设，只要这种假设成立，那么就可以认为"毒树之果"的获取符合"必然发现的例外"；相比较之下，对于"独立来源的例外"而言，其必须在事实上确实存在独立来源，如果控诉方不能对独立来源的"事实存在性"予以有效证明，此时其提出的、依据"独立来源的例外"而采纳"毒树之果"的诉讼主张将无法获得认可。

二、"以采纳为原则，以排除为例外"的处置模式

（一）英国"毒树之果"可采性的认定

正如前文所述，关于"毒树之果"的可采性问题，美国采取的是"以排除为原则，以采纳为例外"的处置模式，不过相比较而言，尽管同为普通法系国家，但是英国却与美国恰恰相

反，其采取的是"以采纳为原则，以排除为例外"的处置模式。之所以存在这种差异，与英国证据排除的基本理念不无关系，具言之，"如果证据与正在审判的事件有关系，则无论它是如何获得的，都应被采用"。❶ 而法官在证据排除过程中所拥有的自由裁量权为践行这一理念提供了广泛的适用空间。

在英国的 P 案❷中，被告人因涉嫌（于 2009 年 10 月 10 日至 11 日）犯有攻击罪和强奸罪被带至警察局接受讯问，警察在未提供（不管是在审讯前还是在审讯过程中）其所享有的获取律师帮助权的情况下就开始审讯。当被问及案发时在何地时，被告人表示案发前他在另外一家酒吧食用了一种粉末状物质后引起了不良反应，对于这件事情一个叫伊尔姆（Erm）的人可以作证。警察根据被告人提供的姓名和住址找到了伊尔姆并进行询问，证实确有此事。不过，伊尔姆还表示，在 2009 年 10 月 11 日上午他与 P 进行电话交谈中得知，P 在前一天晚上（也就是 10 日晚上）遇见了一名妇女并且（在双方自愿情况下）与其发生了性关系。

关于该案，争议的焦点在于：上诉人认为，警察的审讯行为侵犯了《欧洲人权公约》第 6 条第 3 款❸之获取律师帮助权，此外，要不是被告人在审讯过程中将信息告诉警察，警察根本

---

❶ ［英］理查德·梅著，王丽等译：《刑事证据》，法律出版社 2007 年版，第 344 页。
❷ HM Advocate v. P（2011）UKSC 44.
❸ 根据 1998 年《英国人权法》第 6 条之规定，如果公共当局的行为侵犯了公民所享有的《欧洲人权公约》赋予的基本权利，则该行为属于非法行为，遭受权利侵犯的公民（受害者本人）可以对此提起诉讼。

不会找到其朋友（伊尔姆）并获得有关证言。由此可见，被告人向警察提供其朋友（伊尔姆）信息的供述实际上是一种自我归罪的行为，因此，基于该供述所取得的伊尔姆的证言（特别是关于其与被告人电话交谈的内容）应当予以排除。

在案件审理过程中，法院引用了大法官汤姆森在 Chalmers v. HM Advocate 案[1]中的观点指出，"法律必须要处理好两项基本原则：（1）任何被告人都不得被强迫自证其罪；并且（2）被告人在自由且自愿情况下所作的不利供述具有可采性"。就该案而言，没有理由认为在伊尔姆的证言中所涉及的关于被告人承认存在性行为的谈话内容违反了自愿性原则。不仅如此，法院还援引了1984年《英国警察与刑事证据法》第76条第4款之规定，在供述被全部或者部分排除的情况下，不影响基于该供述而发现的其他事实的可采性。此外，法院还强调，为了维护诉讼公正性，尽管可以根据该法第78条第1款规定将审讯供述（包括基于该供述而取得的任何派生证据）予以排除，但是，以不当方式取得的证据并不必然丧失其可采性，因为第78条第1款还要求法院在审查认定证据的可采性时，要结合所有情况予以考虑。

通过对上述案件进行分析不难发现，在英国刑事司法活动中，有关"毒树之果"可采性的审查认定问题可以归纳为："一个原则""两个量"。

1. 一个原则："毒树之果"原则上具有可采性

从英国制定法的内容来看，根据1984年《英国警察与刑事

---

[1] Chalmers v. HM Advocate (1954) JC 66.81.

证据法》第 76 条第 2 款之规定，如果检控方提供的用以指控被告人存在犯罪行为的供述是以采取压迫或者任何可能造成该供述内容不可靠的行为或者语言的方法取得，则该供述应当予以排除。不过，也许立法者考虑"毒树之果"的情况，因此，随之在该法第 76 条第 4 款又作出补充：即使供述本身被排除，但是基于该供述所发现的其他事实仍然具有可采性。

由此可见，在英国证据学理论中，证据排除规则的适用对象主要表现为基于非法取证行为而直接取得的证据，而对于"毒树之果"的可采性问题，则不受先前取证行为的不正当性影响。换言之，即使获取"毒树之果"的线索具有非法性（甚至是因存在非法性而被排除），只要"毒树之果"与案件事实之间存在相关性，该"毒树之果"仍然可以被采纳。正如在上述 P 案中，大法官布朗（Brown）指出，"尽管强迫性供述在本质上可能是不可靠的，但是由它们所产生的'果实'却具有独立的证据价值"。[1] 可以说，上述该法第 76 条第 4 款规定之内容为采纳"毒树之果"提供了明确的法律依据，在该规定的指导下，司法实践中"毒树之果"也往往成为认定案件事实的主要证据。

2. 两个量："毒树之果"认定之利益衡量、自由裁量

首先，"毒树之果"可采性的审查认定活动是一个利益衡量的过程。通常而言，虽然获取"毒树之果"的线索具有非法性，但是"毒树之果"本身可能是真实的、可靠的，如匕首、盗赃物或者被害人的尸体等，在该证据与案件事实存在相关性的

---

[1] HM Advocate v. P（2011）UKSC 44.

情况下：一方面，如果采纳该证据，可能会对被追诉人的合法权益造成损害，也会对诉讼活动的公正性产生影响；另一方面，如果排除该证据，又不利于惩治犯罪、保障被害人的合法权益，以致于损害国家在维护社会秩序方面的应有功能。正如库珀（Cooper）法官在洛瑞诉缪尔案[1]中指出，"法律必须处理好两种非常重要、并且又很容易发生冲突的利益之间的关系：（a）保护公民自由权不受权力机关的非法侵犯；（b）在国家利益之下，法院不能仅仅因为形式或者程序上的原因，就拒绝采纳任何与犯罪行为有关系的、对于完成审判活动所必须的证据"。

由此可见，毒树之果可采性的审查认定过程，实际上涉及利益衡量，或者说是不同利益间进行博弈的过程。因此，法官在此过程中必须要对不同利益进行调和，"既充分考虑采纳证据给控方带来的指控利益，同时兼顾被告人获得公正的审判"。[2]

其次，"毒树之果"可采性的审查认定过程也是法官行使自由裁量权的过程。在英国司法实践中，自由裁量权在证据的审查认定过程中发挥着重要作用。根据1984年《英国警察与刑事证据法》第78条第1款之规定，法院在综合考虑各种情况的基础之上，如果认为采纳某证据将会对程序公正性造成影响，那么其可以将该证据予以排除。该规定为法官行使自由裁量权提供了法律依据。

事实上，在行使自由裁量权侧面，当判断某证据应否予以

---

[1] Lawrie v. Muir（1950）JC 19.
[2] 齐树洁主编：《英国证据法》，厦门大学出版社2014年版，第59页。

排除时，一般可以分为三个步骤进行：第一步，综合审查证据收集的所有情况，包括证据的收集方法、收集途径等；第二步，进一步判断采纳该证据是否会对程序公正性产生负面影响；第三步，需要对负面影响的程度作出评价，因为即便采纳该证据将有损程序公正性，但是如果其不利影响尚未达到足以排除的程度，此时该证据仍然可以被采纳。例如，在 Walsh 案中，法院指出，"在某项证据被排除之前，法院必须判定其对于程序的公正性是否具有如此严重的负面影响，以至于正义要求将其排除"。❶ 正如前文所述，由于"毒树之果"可采性的处理往往涉及对不同利益进行选择（或者调和），因此，法官在对"毒树之果"可采性的审查认定过程中必须要综合考虑可能影响其处理结果的各种情况，从而力求实现不同利益间的平衡。而在这一过程中，不管是对所有情况进行考量，还是对程序公正性以及影响程度进行分析，均涉及行使自由裁量权的问题。由此可见，"毒树之果"可采性的审查过程同时也是法官行使自由裁量权的过程。

综上所述，在英国刑事司法活动中，法院在对"毒树之果"可采性审查认定过程中，其出发点更多考虑的是该证据对证明案件事实所能发挥的作用，换言之，法院侧重于对证据可靠性、真实性以及相关性进行考察，至于该证据的获取方式或者来源，则往往处于"次要评价"地位，而且除非该证据的获取手段违反了 1984 年《英国警察与刑事证据法》第 76 条第 2 款之规定，

---

❶ ［英］理查德·梅著，王丽等译：《刑事证据》，法律出版社 2007 年版，第 363 页。

否则一般具有可采性。

(二) 加拿大"毒树之果"可采性的认定

早在16世纪，加拿大就处于英国和法国共同殖民的时代。为了进一步争夺在加拿大的利益，英、法两国于1756~1763年爆发了长达七年之久的战争（所谓的"七年战争"），以法国战败而告终，至此，随着1763年《巴黎和约》的签订，加拿大正式成为英属殖民地。而在接下来长达200多年的英国殖民统治之下，由于缺乏完整意义上的立宪权以及修宪权，加拿大不仅是政治制度，其刑事司法制度也受到了英国司法制度的严重影响。直至1982年《加拿大宪法法案》[1]获得英国女王批准生效，在享有完全独立的立宪权以及修宪权的情况下，加拿大国会通过了新宪法，这也标志着加拿大在事实上正式成为独立国家，彻底结束了英国的殖民统治。随着1982年《加拿大权利与自由宪章》、1985年《加拿大证据法》以及1985年《加拿大刑法典》等一系列法律的颁布，其刑事司法制度也发生了重要转变。

事实上，对于加拿大而言，1982年是一个重要的历史时刻，新宪法的通过不仅在政治上具有深远影响，同时也是刑事司法制度改革发展的重要转折点，特别是证据制度，开始逐渐由英国元素向美国元素倾斜，主要表现为：在传统的证据制度中，关于证据的可采性问题，一般以证据是否具有相关性、真实性作为审查标准，至于其取得方法是否合法处于次要评价地位，这与英国对证据可采性的认定标准如出一辙。此外，当案件中

---

[1] 该法案赋予了加拿大独立的立宪权以及修宪权。

涉及对证据的可采性进行审查时，加拿大法官也经常援引英国判例中法官的评论内容作为支撑自己观点的依据，而最常引用的则是英国大法官戈达德（Goddard）在 Kuruma v. The Queen 案❶中所作的评论，"证据是否具有可采性，取决于该证据与争议事实是否存在相关性，如果存在相关性，则该证据便具有可采性，而法院不必关心它是如何取得的"。由此可见，英国证据制度对加拿大传统证据制度产生了重要影响。

随着1982年《加拿大权利与自由宪章》的颁布，这种状况发生了一些改变，证据制度逐渐吸收了美国元素，对于证据可采性的审查认定也不再单纯以其是否具有相关性、真实性为标准，还需要考虑证据的收集程序是否符合法律规定。例如，根据《加拿大权利与自由宪章》第24条第2款之规定，"如果法院认为，证据是以侵犯或者剥夺本宪章所保障的权利或者自由的方法取得，并且在考虑到所有情况之后，认为采纳该证据将会使司法蒙羞，则该证据应当予以排除"。由此可见，程序正义也成为影响证据能否具有可采性的重要因素。不过从证据制度的内容来看，相较于美国，加拿大在证据排除方面并不彻底，关于"毒树之果"的可采性问题，其处理结果仍然与英国较为相似，原则上法官可以依据自由裁量权予以采纳。

在加拿大雷伊案❷中，被告人雷伊（Wray）因涉嫌杀害唐纳德·考姆（Donald Comrie）而被一名叫作理德斯通（Lidstone）的警察带至警察局接受讯问，在另外一名为警方服务的私人侦

---

❶ Kuruma v. The Queen, (1955) A. C. 197.
❷ R. v. Wray, (1971) S. C. R. 272.

探的参与下，讯问过程从上午10点一直持续到下午7点18分。在7点18分的时候，被告人签署了一份由警察所写的、以问答形式为内容的供述。根据该供述提供的线索，警察在凶器的藏匿地点进行搜寻，直到第二天上午，找到了一把来复枪，并且经过专家鉴定，该枪就是射杀被害人的那把枪。其间，就在警察正在对雷伊进行讯问的当天下午，由被告人家属所聘请的一名律师曾试图通过电话与警方取得联系，不过警察没有对此作出回复。

在法庭审理过程中，当被问及为何没有回复时，警察表示："我们不想冒险，因为一旦允许雷伊与律师谈话，则其将不会告诉我们枪支的藏匿地点。"经过审查，初审法官认为，该份由被告人签署的供述不具有可采性，因为其违反了自愿性原则，并且基于该供述而取得的来复枪也不可采。原告不服提出上诉。不过，上诉法院认为，考虑该案的具体情况，如果采纳该凶器，不仅对被告人而言是不公正的，而且很容易使司法蒙羞。因此，上诉法院驳回了上诉请求。原告不服，又继续向加拿大联邦最高法院提出上诉。最终，加拿大联邦最高法院指出，法院的功能在于解决争议事实，法官不能以对被告人不公正为由而依据自由裁量权将排除规则的适用范围扩大至具有相关性的证据。由此可见，加拿大联邦最高法院通过该案件进一步明确了"毒树之果"的可采性问题："毒树之果"原则上可以采纳。

值得注意的是，由于该案发生在英国殖民统治期间，其裁判过程不可避免地受到英国证据制度的影响。不过，在1982年《加拿大权利与自由宪章》颁布之后，随着证据制度的转变，证据排除规则的认定标准也发生了一些变化。详言之，如果证据是以侵犯宪章赋予的、公民所享有的权利或者自由等手段取得的，并且法官在综合考量了各种情况之后，认为采纳该证据将会损害司法公正，在此情况下，法官可以依据《加拿大权利与自由宪章》第24条第2款之规定运用自由裁量权将该证据予以排除。尽管该内容并未直接涉及"毒树之果"可采性的认定问题，但是作为一种非法证据，"毒树之果"的审查认定活动也必然受到影响，具言之，在符合前述规定的情况下，"毒树之果"也可以予以排除。当然我们也不得不承认，由于长时间受到英国的殖民统治，即使是在独立之后，加拿大在证据排除方面仍然体现出了英国证据排除理念的因素，在非法证据可采性的审查认定过程中，往往将犯罪性质以及违反程序的严重程度纳入审查因素之中，详言之，"如果是轻微的犯罪案件中严重地违反了程序，则严重违反程序获得的证据将不被采纳；如果在严重的犯罪案件中，违反程序法的行为不是很严重，则一般可以采纳该违反程序法而获得的证据"。❶

总而言之，证据排除的不彻底性已经成为加拿大证据排除规则的主要特点之一，在此特点影响之下，造成司法实践中排除"毒树之果"困难的境况。尽管法官享有自由裁量权，但是为了查明案件事实，自由裁量权往往演变成法官采纳"毒树之果"的裁量权。

---

❶ 卞建林、刘玫主编：《外国刑事诉讼法》，中国政法大学出版社2008年版，第126页。

第二节　和而不同的大陆法系国家

一、相对自由心证制度下"毒树之果"可采性的认定

"早期的德国法及中古世纪的普通德国刑事诉讼程序均定有法定的证据规则。"❶ 可以说，在德国传统的证据制度中，证据规则就已经成为重要组成部分。不过，随着证据制度在不同时期的变化发展，证据规则在刑事诉讼活动中的作用也存在差异。详言之，在法定证据制度时期，由于该阶段过分强调"执行性"，法官不享有自由裁量权，因此，证据规则往往成为法官审查认定证据之可采性❷的重要依据。不过由于法定证据制度缺乏灵活性，因此，在进入19世纪以后，随着陪审制度的引入，德国逐渐确立了自由心证制度。

所谓自由心证，是指"证据的取舍与证明力不是由法律事先加以强制规定，而是由法官及陪审官根据内心确信自由进行判断"。❸ 在自由心证之下，法官不再是"机械"的执行者，而是可以依据自由裁量权对证据进行审查判断，并且自由裁量权

---

❶ ［德］克劳思·罗科信著，吴丽琪译：《刑事诉讼法》，法律出版社2003年版，第117页。

❷ 通常而言，证据的"可采性"往往运用于英美法系国家，大陆法系国家往往将其称为"证据能力"。不过，为了确保概念的统一性，全文均统称为"可采性"。

❸ ［法］卡斯东·斯特法尼等著，罗结珍译：《法国刑事诉讼法精义》（上），中国政法大学出版社1998年版，第47页。

的行使可以不受证据规则的制约。当然,法官享有的自由裁量权过大往往容易造成对案件的擅断,因此,进入20世纪中期以来,德国的证据制度又发生了重要转变,即在坚持自由心证制度的同时,又增强了证据规则的功能,也因此形成德国现有证据制度的特点:以自由心证[1]为主,以证据规则为辅。而在此特点之下,关于证据的可采性问题,除非证据的获取触及强制禁止性规定,如《德国刑事诉讼法典》第136条a所规定的折磨、虐待、施用药物等非法方法,否则对于其他非法证据,法官可以在进行权衡之后依靠自由裁量权予以采纳。而这种处理原则也直接影响着对"毒树之果"可采性的审查认定。

在德国的戈弗根案[2]中,被告人戈弗根(Gäfgen)因涉嫌绑架J.被警察逮捕,警察M.在讯问前,向被告人告知了其所涉嫌的罪名以及作为被告人所享有的权利,特别是有权保持沉默和获取律师帮助。被告人提出了获取律师帮助的申请。在律师的陪同下,被告人供述说是F.R.和M.R.绑架了被害人并将其隐藏在一个湖边的小屋里。第二天早晨,在警察M.上班之前,警察E.(在法兰克福警察局副局长的授意下)威胁了被告人,即"如果不交代被害人的下落,其将会遭受难以忍受的身体痛苦,并且还会与两个犯人关押在一起,他们会对其实施性虐待"。出于害怕,被告人在讯问开始后10分钟左右就供述了被害人的下落,并且带领警察找到了J.的尸体。而且在尸体附近,

---

[1] 根据《德国刑事诉讼法典》第261条之规定,"法院根据其在整个审理中建立起来的、自由的内心确信,判断证据调查结果"。参见宗玉琨译注:《德国刑事诉讼法典》,知识产权出版社2013年版,第206–207页。
[2] ECHR, Gäfgen v. Germany, no. 22978/05 (2008).

警察还发现了被告人汽车的轮胎痕迹。在返回警局途中，警察M.又讯问了被告人，戈弗根交代了其绑架并杀害J.的犯罪事实。此外，警察在随后对被告人公寓的搜查中，还发现了J.遇害时穿的衣服、背包、几乎所有的赎金以及被告人写有犯罪计划的笔记等证据。其间，就在第二天早晨，由被告人母亲所聘请的律师曾试图与被告人取得联系并提供建议，但是遭到了警局的拒绝。

在该案的审理过程中，被告人提出警察的讯问行为违反了《欧洲人权公约》第3条以及《德国刑事诉讼法典》第136条a之规定，因此其供述以及基于该供述而取得的其他证据应当予以排除。经过审查，初审法院认为，由于警察E.的讯问行为违反了《德国刑事诉讼法典》第136条a之禁止性规定，并且受到了"长远效力"（Fernwirkung）的影响，因此，裁决该供述以及进一步取得的其他供述❶都不能作为证据使用。但是对于以该供述为基础而收集的其他证据（如尸体、被害人的衣服等），由于"警察的不当行为属于行政权，不能因此而妨碍司法机关依法对案件事实的判断"，因此，这些证据可以作为证据使用。在结合了所有证据（包括被告人在庭审中再次作出的供述）的情况下，法院最终判处被告人构成绑架罪，并处以终身监禁。被告人不服，向德国联邦最高法院提出了上诉，不过，经审查后，法院以上诉理由不充分为由驳回了上诉申请，并且对该裁

---

❶ 在警察找到被害人尸体以及其他证据之后以及法庭审理前，被告人在警察面前又作出了一次供述，在公诉人面前作出了三次供述，在联邦地区法院法官面前作出了一次供述。

决也没有作出进一步的说明。被告人不服，继续向德国联邦宪法法院提出控告。但是案件在经过由三名法官组成的合议庭审查后，作出了拒绝受理被告人提出的关于违宪性审查的申请。被告人不服，又继续向欧洲人权法院提出了控告。法院经审理认为，"结合本案的具体情况……这些证据的使用并没有造成对被告人审判的不公正"。至此，尽管戈弗根案的审理过程一波三折，但是随着欧洲人权法院裁决的作出，该案也最终落下了帷幕。

就该案件而言，关于非法供述的问题，尽管控诉方认为"威胁是出于及时营救被害人的考虑，而且并不会造成任何身体伤害"，不过对于法官作出的排除决定，控诉方基本上不持异议。控辩双方争议的焦点在于，基于该供述继而又取得的其他证据（如尸体、衣物等）能否作为证据使用的问题，也即"毒树之果"的可采性问题。虽然案件经过了多个法院的审理，但是从裁决结果来看，观点基本一致，即认为该证据可以作为证据使用。由此可见，对于"毒树之果"可采性的问题，德国法院一般持肯定意见，认为"毒树之果"原则上可以采纳。总体而言，从该案的审理过程来看，笔者认为，德国对于"毒树之果"可采性的审查认定主要涉及以下三个方面内容。

首先，"毒树之果"是否适用于"长远效力理论"。在德国刑事证据理论中，所谓长远效力又可以称为远距离影响，是指如果存在非法取证行为，则该行为不仅会对直接取得的证据产生影响，而且会对间接获取的证据造成影响，在此情况下，不管证据是直接取得的还是间接取得的，都应当予以排除。正如德国学者罗科信（Roxin）教授所言，"在德国刑事诉讼法中亦应适用此长远之效力学说，因若不如此，则证据禁止就太容易被规避了"。❶ 由此可见，证据学理论上对于该问题持肯定意见，即认为长远效力理论的适用范围应当延伸至"毒树之果"，否则难以保障证据禁止制度的实施效果。

不过，从戈弗根案中不难发现，尽管被告人提出基于供述而取得的其他证据因受到了警察非法讯问行为之长远效力的影响理应被排除，但是法院依据"长远效力理论"仅仅排除了重复性供述，对于其他间接取得的证据却认可了其证据能力。由此可见，德国司法实务部门实际上对于该问题持反对意见，即认为长远效力理论的适用范围仅应扩大至重复性供述，而不包括"毒树之果"。由此可见，在德国案例指导制度之下，该案件的判决实际上也是司法实务部门对长远效力理论之适用范围所作出的一种限缩性解释。

其次，"毒树之果"是否具有可采性有赖于对相关利益的权衡。德国普遍观点认为，"刑事诉讼的目的是查明犯罪行为真相并让犯罪人受到刑罚惩罚"。❷ 因此，"证据在刑事诉讼程序中的作用不是检察官在刑事诉讼中争输赢的工具，而是为了帮助法院完成他寻找事实真相的任务"。❸ 在此情况下，即使取证行为违反了法律规定，但是为了查明案件事实，法官也可以在权衡之后采纳该证据。正如在戈弗根案中，初审法院指出，"结合本案的具体情况，通过对被告人基本权利遭受侵害的严重程度

---

❶ ［德］克劳思·罗科信著，吴丽琪译：《刑事诉讼法》，法律出版社2003年版，第223页。
❷ 宗玉琨译注：《德国刑事诉讼法典》，知识产权出版社2013年版，导论第4页。
❸ 卞建林、刘玫主编：《外国刑事诉讼法》，中国政法大学出版社2008年版，第231页。

（人身暴力的威胁）与其所犯罪行的严重程度（杀害了一个孩子）进行权衡，排除基于供述而取得的证据（特别是发现的被害人的尸体以及其他实物证据）显然是不成比例的"。由此可见，在德国刑事诉讼活动中，"毒树之果"能否具有可采性，还受到利益权衡因素的影响。而司法实践表明，在查明案件事实与程序正义之间，法院往往选择前者。

不过值得注意的是，这种"利益权衡权"的行使也并非没有界限，如果非法取证行为违反了"非独立的证据使用禁止"❶之规定，则法院没有权衡的余地，而必须将其予以排除。例如，根据《德国刑事诉讼法典》第 100 条 C（五）之规定，"只要在监听过程中有依据表明触及了属于私人生活状态之核心领域的陈述，应当不迟延地中止监听和记录。关于此陈述的记录应当不迟延地删除。关于此陈述的知悉情况不得使用"。❷ 由此可见，如果先前非法取证行为侵犯了私人核心隐私权❸，则基于此而取

---

❶ 在德国证据学理论中，证据禁止制度包括证据取得禁止和证据使用禁止。就证据使用禁止而言，依据法官是否可以进行利益权衡，又可以将其划分为两种类型：独立性证据使用禁止和非独立性证据使用禁止。所谓"独立性证据使用禁止"，是指对于非法取得的证据，法官可以对其进行利益权衡，并且在此基础上决定该证据的证据能力；而所谓"非独立性证据使用禁止"，是指如果非法取证行为触及特殊规定，则基于该行为而取得的证据应当予以排除，法官不得依利益权衡予以采纳。

❷ 宗玉琨译注：《德国刑事诉讼法典》，知识产权出版社 2013 年版，第 69 页。

❸ 在德国，依据隐私所涉内容的不同，私人隐私权可以划分为两种类型：核心隐私权和一般隐私权。对于侵犯一般隐私权而取得的证据，法官可以在利益权衡的基础上决定证据的可采性；而对于以侵犯核心隐私权而取得的证据，法官则没有进行利益权衡的空间，该证据应当予以排除。当然，也有学者将德国私人隐私权划分为"核心隐私领域""纯私人领域"和"社交领域"三种类型，并认为后两种类型不能适用利益权衡。参见陈瑞华：《比较刑事诉讼法》，中国人民大学出版社 2010 年版，第 183 页。

得的"毒树之果"应当予以排除。

最后,"毒树之果"是否具有可采性有赖于对公正性的审查。在德国刑事诉讼活动中,证据是否具有证据能力以及该证据能否被采纳为定案根据,除了对相关利益进行权衡以外,还需要考虑一个问题,那就是如果采纳该证据,将会对公正性产生的影响。

由此可见,公正性的考量结果一定程度上影响着证据的可采性。根据法律规定,公正性一般包括两方面内容。一是程序公正性。根据《德国基本法》第1条(关于任何人的尊严不受侵犯权)以及第2条(关于任何人的生命权、健康权不受侵犯)之规定,国家机关在办案过程中不能以侵犯公民的尊严、生命权以及健康权的方式进行,否则该行为即违反了公正性要求。二是审判公正性。即根据《欧洲人权公约》第6条之规定,任何人都有权受到公正审判。因此,法院的审理过程以及裁判结果(包括对证据的采纳或者排除)是否符合公正性要求,往往成为上诉法院审查的重要内容之一。

总而言之,不管是初审法院还是上诉法院,对公正性的审查往往成为其审查认定证据应否具有可采性的重要内容之一。因此,"毒树之果"应当予以采纳或者排除,也需要进行公正性审查。

二、完全自由心证制度下"毒树之果"可采性的认定

正如前文所述,德国的证据制度在经由法定证据制度改革成为自由心证制度之后,由于受到英美法系国家证据规则的影响,又逐渐发展成为以"自由心证为主,证据规则为辅"的证

据制度,并且在该制度之下,对"毒树之果"也形成了"以采纳为原则,以排除为例外"的处理模式。不过相比较而言,尽管同为大陆法系国家,但是作为自由心证制度的起源国,法国的证据制度在改革为自由心证制度之后,其并未如德国一样对英美法系证据规则进行借鉴,而是通过一系列改革,实现了对自由心证制度本身的完善或者强化。如果将德国的自由心证制度称为"相对的自由心证制度",那么法国的自由心证制度则是一种"完全的自由心证制度"❶。在该制度之下,"毒树之果"可采性的审查认定问题也具有特殊性。一般而言,在法国刑事诉讼活动中,影响"毒树之果"可采性审查的因素主要包括以下几个方面。

第一,在完全的自由心证制度之下,法官在审查认定证据活动中所享有的"自由",为采纳"毒树之果"创造了"宽口径"的审查认定环境。根据《法国刑事诉讼法典》第352条规定,法律不关心法官形成内心确信所依据的理由,也不预设规则并要求法官按照该规则去审查认定证据是否完备、充分。法律只关心法官是否凭借其自由意志,并且在理智的情况下对相关证据以及辩护理由形成了内心确信。可以说这是法国自由心证制度的核心内容。从该内容可知,法官在审查认定证据的过程中往往享有三方面的自由,而这些"自由"为法院采纳"毒树之果"提供了可能。

首先,证据形式自由,并且法官不受证据规则的制约。根

---

❶ 有学者将其称为纯粹的自由心证制度。参见施鹏鹏:"法国刑事程序无效理论研究——兼谈中国如何建立'刚性'的程序",载《中国法学》2010年第3期。

据《法国刑事诉讼法典》第 427 条第 1 款之规定，除非存在其他规定，否则犯罪可以通过任何形式的证据予以认定。由此可见，证据形式并不会影响法官对证据的审查认定。此外，不论犯罪性质的严重程度如何，也不论被告人将会被判处何种刑罚，只要按照规定方式将证据提交至法庭进行辩论，"并不要求确实已经进行辩论，而只需要有可能进行自由辩论"[1] 即可，法官就可以依据此证据材料形成内心确信。由此可见，对于证据的审查认定，法官可以充分发挥其主观认识能力，而无须考虑证据规则的束缚。

其次，法官享有充分的自由裁量权。根据《法国刑事诉讼法典》第 428 条之规定，"供述（aveu，自认），如同其他任何证据材料（éléments de preuve），应由法官自由判断之"。[2] 并且法官（或陪审员）在对案件进行投票表决时，表决票上往往会写明一句话，即"以我之荣誉，凭我之良心，特此声明……"由此可见，在案件审理过程中，法官完全可以依据自己的"良心"对证据之可采性及其证明力进行自由裁量，并在此基础上对案件作出裁决。

最后，重罪法庭无须对裁判结果阐述理由。在法国，自由心证制度一般适用于所有的刑事法院（或法庭），不仅包括预审法庭，还包括审判法庭，如重罪法庭、轻罪法庭和违警罪法庭等。从这些法庭所作出的裁判文书的内容来看，重罪法庭的裁

---

[1] ［法］贝尔纳·布洛克著，罗结珍译：《法国刑事诉讼法》，中国政法大学出版社 2009 年版，第 80 页。
[2] 罗结珍译：《法国刑事诉讼法典》，中国政法大学出版社 2006 年版，第 292 页。

判文书无须对据以裁决的理由进行说明。不过，除了重罪法庭以外，其他法庭裁判文书的内容不仅应当含有裁决主文，还应当写明裁决理由，否则该裁决将有可能会被法国最高司法法院依法❶宣告无效或者撤销。当然，关于裁判文书免于写明裁决理由的问题也曾引起争议。例如，在阿涅利诉法国案❷中，被告人莫里斯·阿涅利（Maurice Agnelet）被法院判处犯有谋杀罪并处以20年监禁刑。被告人不服一直上诉到欧洲人权法院，其中一项上诉请求认为：法院对于其是否构成犯罪的问题只是简单地回答了"是"❸，而未阐述裁决理由，该裁判侵犯了审判公正性。欧洲人权法院经审查后认为，"《公约》并未规定法院在作出裁决时必须说明理由，因此，即使裁判文书中没有给出裁决理由，其也不违反公约规定。但是，为了避免裁判的任意性（或者武断），法院应当保障被告人能够理解其被判处有罪的原因。在该案中，原审法院没有给出裁决理由的行为并不存在问题，不过由于法院也未能保障被告人理解其被判处有罪的原因，因此该裁判违反了《公约》第6条第1款之规定"。

---

❶ 《法国刑事诉讼法典》第593条第1款规定，"上诉法院预审法庭的裁定以及终局判决如不包含裁判理由，或者裁判理由不充分，因而不能使最高司法法院行使监督权，不能使其认定在裁判决定主文中是否遵守了法律时，宣告无效（宣告撤销）"。参见罗结珍译：《法国刑事诉讼法典》，中国政法大学出版社2006年版，第364页。

❷ ECHR, Agnelet v. France, no. 61198/08 (2013).

❸ 《法国刑事诉讼法典》第357条第2款规定，"每一位司法官及每一位陪审员在各自的桌子上亲自或让人在表决票上填写'是'或'否'之意见。填写表决票时使用的桌子摆放方式应当做到：一人填写表决意见时，其他任何人都看不到所填写的内容。填好的表决票合拢之后交给审判长，由审判长将表决票投入专用票箱"。参见罗结珍译：《法国刑事诉讼法典》，中国政法大学出版社2006年版，第250页。

由此可见，裁判文书不阐述裁决理由不仅在法国国内具有合法性，而且也得到了欧洲人权法院的认可，只不过为了保障被告人的合法权益，法院应当通过其他方式保障被告人能够理解其被判处有罪的理由。而恰恰正是这样一种制度，为法官采纳"毒树之果"提供了便利，但也为外部对"毒树之果"可采性的认定过程进行监督制造了困难。因为在缺少裁决理由的情况下，其他法院（特别是上级法院）无法了解裁决过程及其裁决理由，此时，也就无法在外部实施有效监督。

第二，程序无效制度为排除"毒树之果"提供了适用空间。所谓"程序无效"，是指如果诉讼程序（包括侦查、预审以及裁判等）违反了法律规定，或者损害了当事人的合法权益，则该程序即为无效，而基于此所取得的证据或者作出的裁决将会被宣告无效或者被撤销。由此可见，作为一项程序性制裁措施，程序无效制度的功能在于对检察官、警察以及法官的诉讼活动实施有效监督。

一般而言，法国程序无效制度包括两种模式。一是法定无效，即如果诉讼程序违反了法律明文规定的、应当履行的某项手续，或者实施了法律明确禁止的行为，并且法律对违反该程序明确规定了无效后果，则该诉讼程序即为无效。例如，根据《法国刑事诉讼法典》第59条规定，"6时以前、21时以后不得进入住所进行搜查与查看……本条规定的手续应当遵守，否则，搜查无效"。❶ 又如，第393条第4款规定，"有关履行此项手续

---

❶ 罗结珍译：《法国刑事诉讼法典》，中国政法大学出版社2006年版，第58页。

之事由，应在笔录中做出记述，否则，程序以无效论处"。❶ 二是实质无效，即诉讼程序违反了法律规定，但是法律并未对违反该程序明确规定无效后果，在此情况下，如果其侵犯了当事人的合法权益，则该诉讼程序也可以被宣告为无效或者被撤销。例如，根据《法国刑事诉讼法典》第171条之规定，"违反本法典或其他刑事诉讼程序条款规定的某项实质性手续，已经危害与诉讼有关的当事人的利益时，即产生无效"。❷ 由此可见，尽管法国没有借鉴英美法系国家的证据排除规则，但是程序无效制度也同样发挥着排除效果。不过，由于"法国的法院并不情愿对证据加以排除"，❸ 因此，在程序无效制度的两种模式中，往往表现为"以法定无效为主，以实质无效为辅"，只有在必须排除的情况下，才会选择将证据予以排除。

当然，关于程序无效制度的适用范围，虽然在排除基于无效程序而直接收集的证据方面运用最多，但是根据《法国刑事诉讼法典》第174条第2款之规定，"预审法庭决定是否应当撤销不符合规定的全部诉讼行为或文书，或者决定仅限于撤销其中之一部分，或者决定该项撤销事宜扩大适用于无效行为发生以后进行的全部程序或部分程序"。❹ 由此可见，在法国刑事诉讼活动中，不管是法定无效还是实质无效，"无效事由也可以扩

---

❶ 罗结珍译：《法国刑事诉讼法典》，中国政法大学出版社2006年版，第271页。
❷ ［法］卡斯东·斯特法尼等著，罗结珍译：《法国刑事诉讼法精义》（下），中国政法大学出版社1998年版，第661页。
❸ ［英］杰奎琳·霍奇森著，张小玲等译：《法国刑事司法：侦查与起诉的比较研究》，中国政法大学出版社2012年版，第206－207页。
❹ 罗结珍译：《法国刑事诉讼法典》，中国政法大学出版社2006年版，第172页。

大至在不符合规定手续的文书之后制作的各项文书,因为,后来的这些文书可以因前面的文书无效而产生瑕疵"。[1] 在此情况下,基于无效事由而间接取得的证据也可能会被宣告为无效或者被撤销,换言之,"毒树之果"也可能会被排除。

当然,由于排除"毒树之果"可能会影响案件事实的有效认定,在以查明案件事实(或真相)为主要诉讼任务的司法环境下,司法实践中法官往往会在打击犯罪的社会利益与无效诉讼程序所侵犯的个人利益之间进行衡量,正如在法庭审理开始时对陪审员的声明中所言,"你们要宣誓并承诺,会本着严谨的态度对于针对×××提起的指控进行审查。既不背叛(betray)被告人的利益,也不背叛(对被告人提出指控的)社会以及被害人的利益"。此外,针对一些特殊类型的犯罪案件,如有组织犯罪、恐怖活动犯罪等,为了强化打击犯罪的力度,法官对于在无效诉讼程序之下所形成(或收集)的文件(或证据)也往往采取容忍的态度,不仅可以采纳该文件(或证据),其后续诉讼程序中所制作的文件或者所收集的证据也具有可采性。

总之,在程序无效制度之下,尽管排除"毒树之果"具有法律基础(或依据),但是"毒树之果"最终能否得以排除,还需要法官在利益权衡的基础上进行自由裁量。

第三,证据正当性原则为排除"毒树之果"提供了重要基础。所谓"证据正当性原则",是指证据的收集应当符合正当性

---

[1] [法]贝尔纳·布洛克著,罗结珍译:《法国刑事诉讼法》,中国政法大学出版社2009年版,第443页。

要求，不能以侵犯公民基本权利或者损害司法公信力的手段收集证据，否则该证据将会因违反正当性要求而被排除。

在法国刑事司法活动中，证据正当性原则的功能表现在两个方面：一是保障公民的基本权利不受非法侵犯；二是规范取证机关的取证行为，例如，警察或者预审法官不能采取酷刑或者不人道的手段收集证据。因此，如果取证行为侵犯了当事人的基本权利，则被取证对象可以以取证行为违反正当性为由而提出排除申请，甚至上诉到欧洲人权法院。不过正如前文所述，证据正当性原则的作用主要在于规范取证机关的取证行为，因此，对于公民个人通过采取非法手段所收集的证据，当事人则不能以证据的取得违反正当性为由而提出异议。正如法国最高法院指出：在法律规定中，没有哪条规定允许刑事法官可以借由当事人提交的证据是通过采取非法（或者不正当）手段所取得而将其予以排除。❶ 由此可见，公民个人通过非法手段收集的证据可以提交至法庭，甚至可以成为法官形成内心确信的基础。此外，由于"正当性"的概念非常广泛，难以通过明确、具体的法律规定来进行界定，因此，在法国刑事诉讼活动中，证据正当性原则往往由法国联邦最高法院在判例中进行解释。

而作为证据可采性的考量因素，正当性原则在"毒树之果"可采性的审查认定过程中也发挥着重要作用。由于"毒树之果"的取得以先前非法取证行为为基础，因此，一方面，如果当事

---

❶ 卞建林、刘玫主编：《外国刑事诉讼法》，中国政法大学出版社2008年版，第186页。

人认为"毒树之果"的取得侵犯了其基本权利,则可以提出排除申请;另一方面,法院也可以基于正当性原则主动对"毒树之果"的可采性进行审查。当然,不管是当事人申请排除,还是法院主动审查,适用对象只能是取证机关所提出的"毒树之果"。不过值得注意的是,由于排除对象具有针对性,因此证据正当性原则在排除"毒树之果"方面也存在弊端,即取证机关可以通过两种方式实现规避排除"毒树之果"的后果:一是可以在其指导下,由公民个人直接取得"毒树之果",然后再由其作为指控证据提交给法庭;二是可以在其指导(或者授意)下,先由公民取得非法证据,然后以该证据提供的线索为基础,再由其依法取得其他证据。由此可见,在上述两种情况下,"毒树之果"依然可以被采纳。

综上所述,从法国刑事司法制度来看,关于"毒树之果"可采性的处理方式主要表现为"以采纳为原则,以排除为例外"。一方面,法官在审查认定证据过程中所享有的"自由"以及裁判文书中无须阐述裁判理由为采纳"毒树之果"提供了便利条件;另一方面,程序无效制度以及证据正当性原则又为排除"毒树之果"提供了可能。不过,由于"法国的法律程序仍然持有以国家为中心的司法理念,特别是在审前阶段,侦查的中心是犯罪行为,而非犯罪嫌疑人"。[1] 此外,在审理阶段,法院也主要以查明案件事实真相为目标,因此,"所有材料(包括违法所得的材料)原则上均可进入庭审,或作为证据,或作为

---

[1] [英]杰奎琳·霍奇森著,张小玲等译:《法国刑事司法:侦查与起诉的比较研究》,中国政法大学出版社2012年版,第41页。

简单信息"。❶ 在此情况下,"毒树之果"通常也可以进入法庭成为法官(或陪审员)形成心证的基础,甚至作为定案依据,只有在特殊情况下,考虑到先前非法取证行为对"毒树之果"的影响以及取证程序的正当性,并且在权衡各种利益之后,才会将"毒树之果"予以排除。

---

❶ 施鹏鹏:《法律改革,走向新的程序平衡?》,中国政法大学出版社2013年版,第71页。

CHAPTER 04 >> 第四章

毒树之果规则的借鉴之考

第一节 毒树之果规则的适用要求

一、自由裁量权的必要赋予

域外实践表明,无论是美国联邦最高法院判例所确立的对先前非法取证行为与后续"毒树之果"之间因果关系的判断,还是英国法院对"毒树之果"收集过程的考察,抑或德国司法实践中对先前取证行为带来的负面影响的权衡,皆离不开自由裁量权的充分运用。由此可见,裁判者在审查认定证据之可采性的过程中是否享有自由裁量权,对于毒树之果规则的有效运用发挥着重要作用。

通常而言,自由裁量权包括广义与狭义之分。在狭义层面,自由裁量权特指英美法系背景下的法官造法。❶ 在广义层面，只要充分允许裁判者根据自己对法律规范的理解，在其个人法律意识的支配下，选择相应的司法行为和对案件作出裁判，就属于司法自由裁量权的范畴。❷ 就广义的自由裁量权而言，其不仅存在于审判活动中，而且遍及整个审前程序，换言之，在整个诉讼活动中，包括查明事实、作出裁判等任何诉讼阶段，均涉及自由裁量权的运用问题。

司法活动中，裁判者能够享有一定的自由裁量权至关重要。在美国联邦证据规则中，依据自由裁量权的效力是否受到相关规则或者标准的约束，自由裁量权可以划分为指引型裁量权和非指引型裁量权。就前者而言，虽然裁判者在司法活动中享有一定的选择权和灵活性，但是其行为必须在现有规定和标准的范围内进行，否则其所作出的裁量行为可能会被定性为滥用而受到上级法院的纠正。就后者而言，裁判者所行使的自由裁量权不会受到有关规则或者标准的约束，而且上级法院一般也不会对下级法院行使的自由裁量权进行监督。

总体而言，就毒树之果规则的适用问题，尽管域外国家在不同程度上赋予了裁判者一定的自由裁量权，但是毒树之果规则的具体内容和适用结果依然存在差异。由此可见，司法裁判者享有自由、自觉行使自由裁量权的司法环境，只是毒树之果规则得以有效适用的充分条件，而非必要条件，除此之外，还需要其他条件配合实施。

---

❶ 张军：" 法官的自由裁量权与司法正义 "，载《法律科学》（西北政法大学学报）2015 年第 4 期。
❷ 江必新：" 论司法自由裁量权 "，载《法律适用》2006 年第 11 期。

二、程序正义观的正确树立

不难发现，域外国家裁判者在运用自由裁量权审查认定"毒树之果"可采性的过程中，通常会考虑采纳该证据是否会对程序公正产生影响，以及影响程度。事实上，这就涉及需要在证据的真实可靠性、实质关联性与来源合法性（特指先前的取证行为）之间进行价值权衡，正是基于此，普通法系国家在审查认定"毒树之果"的过程中出现了大相径庭的结果。详言之，美国侧重于强调证据收集程序全链条的合法性，故而"毒树之果"原则上不具有可采性；而英国、加拿大等国家则注重强调证据与争议事实之间是否存在相关性，以及证据所揭示的案件事实是否与真实情况一致，故而"毒树之果"原则上具有可采性。其实，上述权衡因素本质上是当实体正义与程序正义发生价值冲突的时候应当如何选择的问题。

客观而言，实体正义与程序正义均是历史悠久、内涵丰富的法律范畴，但是在实质内容上：前者重视的是各种涉及权益分配或义务承担的活动之最终结果是否具有正当性，而后者重视的则是形成该种结果所经历的活动过程之正当性问题。[1] 程序正义作为一种价值观念诞生于英国法，在美国得到继承，并且在"正当程序"思想的基础上得到长足发展。美国程序正义观追求的是对法律程序正当性的独立判断，推崇的是法律程序的内在价值。相较而言，尽管英国法在传统上就是以程序为中心

---

[1] 陈瑞华："程序正义论——从刑事审判角度的分析"，载《中外法学》1997年第2期。

构建起来的，但是其关注重点在于诉讼程序对司法结果的影响，这就促使其带有强烈的功利性或者工具色彩，在此情况下，司法实践中出现以"没有出现实体性的审判不公"为由驳回针对程序提出的异议就不足为奇了。而通过审视大陆法系国家不难发现，尽管正当程序观念在大陆法系国家亦得到了极大发展，但是由于法律文化、诉讼构造和司法体制等方面存在的差异，程序正义主要还是作为实体正义的点缀而存在，缺乏对其独立价值的坚守。

值得注意的是，程序正义在不同国家所受到的区别性认识和对待，恰恰与"毒树之果"在这些国家的可采性情况存在一定关联，并且呈现出不同的处理模式：如果坚持"独立的程序正义观"，则"毒树之果"原则上应当予以排除；如果坚持"附属的程序正义观"，则"毒树之果"原则上可以采纳。由此可见，确立正确的程序正义观对于构建毒树之果规则至关重要。

第二节 毒树之果规则应否确立之争

在刑事诉讼活动中，毒树之果规则意味着如果证据属于"毒树之果"，除非符合例外规定，否则证据原则上应当予以排除。从域外实践情况来看，美国在排除"毒树之果"方面最为彻底，而英国、德国等国家虽然原则上不排除"毒树之果"，即"砍树而食用其果实"，但是如果取证方式违反了明确禁止性规定,[1]则由此所获取的"毒树之果"一般也秉持排除态度,只不过对于"毒树之果"的可采性问题,法官享有更多的自由裁量权。

总体而言,自毒树之果规则在美国诞生以来,其他国家在不同程度上借鉴了毒树之果规则的有益成分,并且进行了本土转化。就我国而言,关于"毒树之果"的可采性问题,事实上2010年《非法证据排除规则》的草案中就有所涉及,即"对于以非法言词证据和非法实物证据为线索取得的证据,法庭根据取证行为的违法程度和案件的具体情况决定能否作为定案的根据"。[2] 不过该内容在正式颁布的《非法证据排除规则》的文本中并未予以保留,而且后续在修订《刑事诉讼法》过程中也未对此作出正面回应,以致于"毒树之果"的可采性问题在立法层面仍然存在空白,而司法实践中,对于"毒树之果"的可采性则往往依据非法证据排除规则进行审查认定。详言之,如果获取"毒树之果"的直接取证行为违反了法律规定,则该证据不具可采性;而如果获取"毒树之果"的直接取证行为符合法律规定,则"毒树之果"原则上具有可采性。客观而言,正如前文所述,直接取证行为具备合法性是构成"毒树之果"的必备要件,也是区别于其他非法证据的关键所在,因此,司法实践中依据非法证据排除规则对"毒树之果"可采性进行审查

---

[1] 例如,在德国,如果侦查人员采取非法监听的方法获取"毒树之果",则该证据应当依据"证据使用禁止理论"予以排除。
[2] 戴长林、罗国良、刘静坤:《中国非法证据排除制度:原理·案例·适用》,法律出版社2016年版,第116页。

认定的这种惯常做法，其结果只可能出现一种情况："毒树之果"因为直接取证行为合法而具有可采性。由此看来，立法上的空白一定程度上影响了司法实践活动的有效开展。不过，理论界对于应否构建毒树之果规则以及"毒树之果"该否具有可采性的研究从未停歇，从而也形成了不同的观点。

支持者认为，我国应当构建毒树之果规则，通过排除"毒树之果"可以有效遏制非法取证行为，从而实现司法公正。实践表明，虽然我国已经确立了非法证据排除规则，但是适用效果并不理想，原因在于对非法证据的排除不够彻底，在"有利可图"的情况下，非法取证行为很难根除。换言之，排除先前非法证据却采纳"毒树之果"，办案人员仍然可以实现诉讼目的，而这种状况会变相"激励"办案人员无休止地变换着手段继续实施非法取证行为。因此，构建毒树之果规则具有现实必要性。如有学者认为，在已经确立非法证据排除规则的情况下，如果不进一步规定毒树之果规则，那么非法证据排除规则的颁布效果也将化为泡影。[1] 还有学者指出，如果我们仅排除"毒树"而食用"毒树之果"的话，则意味着间接肯定了"毒树"的价值，只有在砍掉"毒树"的同时一并抛弃其果实，才能彻底防止"毒树"再次生长。[2] 此外，有学者从平衡保障人权与打击犯罪的角度提出，为避免因过度排除"毒树之果"而冲击惩治犯罪的目标，建议在借鉴毒树之果规则的同时应当设置一

---

[1] 陈卫东："确立非法证据排除规则遏制刑讯逼供"，载《人民检察》2007年第23期。
[2] 刘宪权："克减冤假错案应当遵循的三个原则"，载《法学》2013年第5期。

些例外规定。❶

反对者认为,排除"毒树之果"弊大于利,我国不能盲目构建毒树之果规则。如有学者指出,在目前犯罪率高发的司法环境下,如果排除"毒树之果",无疑将会扩大证据的排除范围,不利于查明案件事实,最终必然会影响追诉活动的顺利进行。❷ 有学者认为,排除"毒树之果"确实可以根除非法取证行为,但是其代价太过沉重,有可能会阻塞查明案件事实的重要通道。❸ 还有学者指出,出于对我国目前的治安状况、文化传统以及国民的可接受程度的考虑,排除"毒树之果"的负面影响必将大于排除效果。❹

事实上,我国关于构建毒树之果规则与否的讨论,归根结底属于程序正义与实体正义之争:支持者以程序正义与人权保障为出发点,认为应当构建毒树之果规则;而反对者则侧重于强调实体正义与犯罪打击,认为不应当构建毒树之果规则。在笔者看来,综合考虑我国司法环境、刑事立法与刑事司法改革进程等因素,尽管两种观点均有可取之处,但是完全借鉴或者绝对排斥毒树之果规则的观点值得商榷。详言之,从长远效益来看,构建毒树之果规则以排除"毒树之果"确实可以发挥社

---

❶ 万毅:"关键词解读——非法证据排除规则的解释与适用",载《四川大学学报》(哲学社会科学版)2014年第3期。
❷ 卞建林:"我国非法证据排除的若干重要问题",载《国家检察官学院学报》2007年第1期。
❸ 汪建成:"中国需要什么样的非法证据排除规则",载《环球法律评论》2006年第5期。
❹ 任桂芬、王晨:"国外非法证据排除规则及其对我国的启示",载《法律适用》2008年第4期。

会治理的司法效果，在源头上有效震慑非法取证行为滋生，但是如果不考虑我国的司法实际情况，忽视司法环境、刑事政策以及制度保障等因素，而一味追求"拿来主义"，结果无疑又会引发一系列新的问题出现。总之，"毒树之果"在缺乏审查认定标准的情况下，法官面对"毒树之果"类证据很难进行有效认定，换言之，法官可能会陷入司法困境；而认为构建毒树之果规则会放纵罪犯、不利于打击犯罪等片面追求实体正义的观点，显然与我国现代刑事司法价值理念不相符合。

综上所述，笔者认为，鉴于时下我国法治环境以及刑事司法改革发展趋势，科学构建毒树之果规则已经成为必然选择，也是司法制度改革发展的重要一环。当然，值得注意的是，考虑到绝对排除"毒树之果"确实会对打击犯罪造成一定影响，因此，在排除"毒树之果"的同时应当辅之以例外规定作为补充。

第三节 构建毒树之果规则的必要性

一、有助于在源头上遏制非法取证行为

一直以来，如何构建科学完备的立法体系和司法制度从而根除非法取证行为、维护公平正义，成为困扰立法者和司法实务部门的难题。事实上，我国早在1979年《刑事诉讼法》第32条就规定，禁止采取刑讯逼供和威胁、引诱、欺骗以及其他非

法方法收集证据。此后，1996年《刑事诉讼法》第43条又再次对此予以强调。由此可见，我国其实在立法层面早已经认识到非法取证行为对刑事司法公正性所造成的消极影响，并且在刑事诉讼制度体系中对遏制非法取证行为给与了足够重视，但是由于司法实践中受到"重打击，轻维权"理念的影响，立法与司法之间深层次的博弈造成法律规范不够完备，以致于非法取证行为一直没有得到有效解决，酿成了一些冤假错案，如杜某武案、李某明案、佘某林案等。总之，从司法实践情况来看，对于严禁采取非法方式实施取证行为的有关规定具有较强的"宣示性"意义，并未在司法实践中发挥其应有效用。

为深入强化对非法取证行为的有效治理，2010年"两高三部"联合颁布了《关于办理死刑案件审查判断证据若干问题的规定》《关于办理刑事案件排除非法证据若干问题的规定》（以下简称"两个证据规定"），初步构建了非法证据排除规则的整体框架，结束了长期以来非法证据在刑事诉讼活动中"制裁不力"❶的状况。此外，针对"两个证据规定"实施以来司法实践中所遇到的新问题，2017年6月27日"两高三部"又颁布了《严排规定》，进一步完善了非法证据排除规则的有关内容。应当肯定的是，非法证据排除规则的确立及其完善，确实对威慑非法取证行为发挥了一定作用，通过排除基于采取非法取证行

---

❶ 2010年"两个证据规定"出台以前，尽管立法上对非法取证行为提出了禁止性要求，但是由于缺乏非法证据的审查认定标准作出明确规定，一些非法证据仍然可以进入法官视野，甚至成为认定案件事实的重要依据，最终酿成冤假错案的严重后果。而"两个证据规定"的出台，填补了非法证据无审查标准的空白，为非法证据的审查认定及其排除提供了重要基础。

为所直接获取的"收益"——非法证据，从而对取证行为进行规范。

不过实践表明，由于非法证据排除规则的适用对象具有局限性，仅适用于经由非法取证行为直接获取的非法证据，而对于以该非法证据为线索继而又依法获取的其他证据（"毒树之果"），则无法发挥排除效力，而这种"失效"直接影响了非法证据排除规则的威慑效果。例如，侦查人员为了实现控诉目的，通过采取刑讯逼供方法获取犯罪嫌疑人甲的供述之后，基于该供述内容所提供的线索，又依法获取了作案工具、赃款赃物等其他证据，就该案证据而言，即使法院依据非法证据排除规则排除了犯罪嫌疑人甲的供述，但是由于缺乏对"毒树之果"类证据的审查认定标准，法院仍然可以依据后续获取的其他证据对甲作出有罪判决，而这种"可获利性"会"激励"侦查人员在其他案件中继续实施非法取证行为，甚至为了实现控诉目的，将非法证据的取得作为获取"毒树之果"的手段行为。由此可见，在调整对象受到局限的情况下，非法证据排除规则很难对非法取证行为实现根除性治理效果。而毒树之果规则的制度价值则体现在，通过排除以非法证据为线索继而又依法获取的其他证据（"毒树之果"），从而彻底剥夺取证主体经由非法取证行为所获取的利益，增强威慑效果，以实现非法取证行为的源头性治理，避免非法取证行为的滋生。

二、契合现代刑事司法理念的要求

司法理念是"人们对司法性质的感悟、对司法精神的理解和对司法价值的解读而形成的一种观念模式，它是指导司法制度设计和司法实际运作的理论基础和主导价值观"。[1] 由于不同时期政治、经济和文化有所不同，因此司法理念的价值内涵也在不断地发展变化，而且由于司法理念与司法制度联系较为紧密，因此，司法理念的变化发展也在推动着司法制度的改革。

　　在刑事诉讼活动中，司法理念的作用尤为显著。中华人民共和国成立后，由于社会主要矛盾发生转变，保障社会主义建设事业的有序发展成为主要任务。因此，1956年召开的中国共产党第八次代表大会提出要制定完备的法律体系，健全国家法制。在此精神指导下，在中央政法小组主持下，1963年4月完成了《中华人民共和国刑事诉讼法（草案）》初稿的起草工作。但是由于受到某些政治运动的阻碍，刑事诉讼法的起草工作一度陷入停滞状态，直到1976年后，《刑事诉讼法》的制定工作才再次被提上日程，并在1963年《刑事诉讼法（草案）》的基础上，最终形成了我国第一部《刑事诉讼法》，即1979年《刑事诉讼法》。事实上，这部法律的诞生，不仅在我国刑事诉讼法史上具有里程碑式的意义，也是刑事诉讼司法理念的重要体现。不过，由于受到特殊历史时期政治、经济、文化等因素的影响，该部法律的颁行并没有达到有效遏制犯罪的应有效果，个别地区不仅普通犯罪案件高发，而且一些以破坏社会主义建设为目标的犯罪活动、破坏活动依然存在。因此，该时期刑事诉讼法以"重打击犯罪"为主要价值导向。

---

[1] 卞建林主编：《现代司法理念研究》，中国人民公安大学出版社2012年版，第4页。

但是，随着我国社会经济水平的发展和民主法制观念的不断提高，片面强调"打击敌人、惩罚犯罪"的任务已经不再符合社会需求。在此背景下，第八届全国人大第四次会议审议通过了《刑事诉讼法》修正案，即 1997 年《刑事诉讼法》。该部法律不仅确立了无罪推定原则❶，而且通过对辩护、审查起诉以及审判程序等制度进行改革，展现了维护司法公正、注重程序正当性的司法理念。此外，2012 年《刑事诉讼法》将"尊重和保障人权"写入法律规定，意味着实现了由"重打击犯罪，轻人权保障"向"控制犯罪与保障人权并重"司法理念的转变，也是践行现代刑事诉讼司法理念的重要体现。作为现代刑事诉讼司法理念的重要组成部分，程序正义和人权保障在推动刑事诉讼司法改革方面发挥了重要作用，而构建毒树之果规则将是践行现代刑事诉讼司法理念的必然选择。

首先，确立毒树之果规则符合程序正义的要求。所谓程序正义，是指案件不仅要在处理结果上是公正的、正当的，而且诉讼过程也应当体现公平性和正义性。按照程序正义的要求，侦查机关必须依法办案，特别是在收集证据的过程中，不能采取刑讯逼供等非法手段获取证据，一旦侦查机关在办案过程中实施了非法取证行为，由此所获取的利益应当予以排除，不能作为证据使用。当然，这里的利益不仅包括直接利益，还包括基于非法取证行为所间接获取的利益——"毒树之果"。之所以排除间接利益，是因为如果缺少了先前非法取证行为，则间

---

❶ 1997 年《刑事诉讼法》第 12 条规定："未经人民法院依法判决，对任何人都不得确定有罪。"

接利益也将无法获取，由此可见，间接利益与先前非法取证行为二者之间存在因果关系，换言之，间接利益受到了先前非法取证行为的污染，在此情况下，如果只是排除基于非法取证行为直接获取的利益，却采纳间接利益的话，那么无疑是对侦查机关实施非法取证行为的一种变相"认可"，非法取证行为将不可能得到真正意义上的遏制。此外，对基于先前非法取证行为获取的间接利益的"认可"，与程序正义的价值理念也不相符合。因此，构建毒树之果规则符合程序正义的价值要求。

其次，构建毒树之果规则符合人权保障的价值要求。通常而言，人权作为人所享有的基本权利，包括健康权、生命权、人身自由权、财产权等。在刑事诉讼活动中，人权主要表现为以下四个方面：第一，犯罪嫌疑人、被告人的生命不受非法剥夺，如禁止侦查机关采取刑讯逼供等非法方法造成犯罪嫌疑人、被告人死亡；第二，犯罪嫌疑人、被告人、证人、被害人的身体健康不受侦查机关的非法侵害，如禁止侦查机关采取刑讯逼供、暴力等侵害身体健康的非法方法向前述主体收集言词证据；第三，公民的人身自由不受非法限制，如非经法定程序，不能进行非法留置、拘留、逮捕，也不能对其身体实施非法搜查；第四，公民的财产不受非法扣押、冻结，如未经法定程序，不能对犯罪嫌疑人、被告人的财产进行扣押或者冻结。总之，刑事诉讼活动中的人权实质上属于一种程序权。在"重打击犯罪，轻人权保障"的司法环境下，"面对侦查的效率与侦查的合法性之冲突，警察机构内部所关心的是前者，因为，那种严格依照法律程序而实施的侦查活动一般都是低效率的"。❶ 由此可见，在追求办案效率、打击犯罪的促使下，侦查人员难免会采取一些非法手段收集证据，并进而以该非法证据为线索继续获取其他证据（"毒树之果"），虽然"毒树之果"的取得并非直接基于非法取证行为，但是如果没有先前非法取证行为的存在，"毒树之果"也将无法取得，由此可见，获取"毒树之果"实际上是先前侵犯人权行为的延伸。

总而言之，在实施非法取证行为的情况下，不管是言词证据，如犯罪嫌疑人、被告人供述、证人证言、被害人陈述等，还是实物证据，如书证、物证等；也不管是直接获取的非法证据，还是间接取得的"毒树之果"，均是对人权的一种侵犯。因此，为实现人权保障的价值目标，有必要进一步完善程序性制裁措施，通过排除"毒树之果"，从而在源头上彻底遏制非法取证行为。

三、有利于重塑刑事证据的调查模式

一般而言，刑事案件的侦查主要存在两种模式：一是"由供到证"模式，即侦查人员先获取犯罪嫌疑人的供述，然后借助该供述所提供的线索，继续收集其他相关证据；二是"由证到供"模式，即侦查人员在讯问犯罪嫌疑人之前，先收集相关证据，在获取证据之后，再对嫌疑人展开讯问。相比较而言，两种侦查模式各具特点。

---

❶ 陈瑞华：《程序性制裁理论》，中国法制出版社 2017 年版，第 162 页。

首先，在人权保障以及证据的可靠性方面，"由证到供"模式优于"由供到证"模式。详言之，在"由证到供"模式之下，第一，"先取证，后讯问"可以避免侦查人员为获取证据线索而实施刑讯逼供等非法取证行为，从而降低犯罪嫌疑人遭受非法取证行为侵害的风险；第二，在讯问之前优先取证，还可以增强证据的可靠性。相较而言，在"由供到证"模式之下，一些侦查人员为尽快获取证据线索实现破案目的，有时不惜采取刑讯逼供等非法方法实施审讯行为，在此情况下，不仅难以保障证据的可靠性，而且容易酿成冤假错案的严重后果。

其次，在破案效率方面，"由证到供"模式对侦查人员业务能力、办案水平的要求较高，如果办案人员的业务能力不足、办案水平不高，必然会影响案件的侦破效率；而在"由供到证"模式之下，由于供述中含有大量的信息，一旦口供得以突破，那么在证据线索的指引下，侦查人员可以及时收集并固定相关证据，从而提升办案效率。

通过上述分析不难发现，"由供到证"和"由证到供"两种侦查模式各有利弊。而如何选择侦查模式，其实是一种价值导向的重要体现。就我国而言，长期以来，由于受到侦查技术落后、办案人员业务能力尚待提高等多种因素的影响，加之在办案过程中可能受到"急功近利"思想的驱使，"由供到证"模式有时会成为办案人员所采取的主要办案模式，能够及时突破口供则会成为办案人员的工作重心。客观而言，此种模式确实为及时侦破案件提供了许多便利，但也不乏存在酿成冤假错案的惨痛教训。例如，在石某玉案、赵某海案、孙某刚案、滕某善案等案件中，侦查人员为了及时获取口供，均在不同程度上实施了刑讯逼供行为，通过深入分析有关证据不难发现，"毒树之果"类证据在错误认定案件事实过程中的作用尤为凸显。例如，在孙某刚故意杀人案中，侦查人员通过采取刑讯逼供获取了孙某刚的供述❶，并且根据该供述在其姐姐家提取了两把刀作为物证。又如，在滕某善故意杀人案中，滕某善在无法忍受刑讯之苦的情况下交代了作案工具的藏匿地点，并且带领侦查人员到自己家里提取了一把刀，同时在其弟弟家里提取了一把斧头。事实证明，这两把所谓的"作案工具"上并没有被害人的血迹。由此可见，在"由供到证"模式之下，很容易产生"毒树之果"类证据，而采纳"毒树之果"又往往是铸成冤假错案的重要因素。

综上所述，在强化规范取证、注重人权保障的背景下，通过构建毒树之果规则，从而加强对"毒树之果"可采性的审查认定，一定程度上可以倒逼侦查模式从"由供到证"向"由证到供"转变。

第四节　我国刑事司法环境的转变

2014年10月，党的十八届四中全会（以下简称"四中全会"）的召开在司法领域具有划时代意义。会议审议并通过的

---

❶ 事实上，孙某刚是在无法忍受刑讯之苦的情况下，随口交代作案凶器（刀）在其姐姐家。事后证明，侦查人员所提取到的"凶器"并非作案工具。

《全面推进依法治国若干重大问题的决定》（以下简称《全面依法治国决定》）为新常态下司法改革工作明确了目标、指明了方向。在内容上，《全面依法治国决定》突出强调人权司法保障和程序公正的重要性，并对进一步完善非法证据排除规则、健全冤假错案防范机制以及非法取证行为的源头性治理等提出了改革要求。可以说，《全面依法治国决定》在明确新要求的同时，也将刑事诉讼制度改革推向了一个崭新的阶段。而这也恰恰为构建毒树之果规则带来了契机。因此，笔者以四中全会为"分水岭"，通过对其前后司法制度发生的变化进行分析，从司法环境转变的视角对构建毒树之果规则的司法"土壤"进行讨论。

一、四中全会前：毒树之果规则欠缺环境土壤

尽管我国司法制度一直处于不断完善过程当中，但是在《全面依法治国决定》出台以前，我国司法制度中存在的问题尤为突出，而这些问题的存在直接导致在当时的司法环境下构建毒树之果规则并不是很成熟，换言之，当时的司法环境欠缺构建毒树之果规则的可行性基础。

（一）办案重压下的"顾此失彼"

一般而言，刑事诉讼法的功能在于规范主体的行为。一方面，通过对犯罪行为进行打击，从而规范公民的行为；另一方面，通过对办案活动进行约束，从而规范办案人员的行为。在应然层面，只有当两者并行时，才能够充分发挥刑事诉讼法的最佳效果。不过实践表明，二者之间往往是既对立又统一的关系。如果侧重于打击犯罪，则难免需要减少对办案人员的程序

规制；如果过于强调对办案人员取证行为进行规范，则一定程度上又会影响打击犯罪的效率。总之，二者之间较难调和，但是确保办案人员既符合程序规范又能有效打击犯罪是刑事诉讼活动的价值追求。

在我国，司法机关肩负着打击犯罪、维护社会秩序的重要任务。特别是公安机关，由于处在打击犯罪活动的最前沿，同时也是启动后续刑事诉讼活动的关键一环，因此，办案效率、办案质量直接影响着审查起诉以及审判活动的有效进行。为确保刑事诉讼活动顺利进行，立法机关在《宪法》《刑事诉讼法》以及其他相关法律规范中明确规定，公安机关、检察机关以及审判机关三者之间应当"相互配合、相互制约"。由此可见，在法律规范层面，公安机关、检察机关和审判机关三者之间不仅应当"相互配合"，通过打击犯罪以实现社会稳定，还应当注重"相互制约"，通过彼此之间的有效制约从而保障办案质量，避免冤假错案的发生。不过，由于长期以来犯罪案件高发，同时受到来自刑事被害人及其近亲属、社会舆论等因素的压力，办案过程中往往侧重于强调对犯罪行为进行打击，也因此形成了"配合有余而制约不足"的工作模式，主要表现为对公安机关采取非法方式收集的证据在一定程度上予以认可，甚至成为定案根据。

总之，检察机关对公安机关非法取证行为的"制约"不力，审判机关对检察机关提交的问题证据"照单全收"，不仅助长了公安机关继续实施非法取证行为的态势，也容易造成冤假错案的发生。如在佘某林案、赵某海案中均存在这样的问题。在这样一种司法环境之下，提出构建毒树之果规则的建议往往被认为是不着边际的高谈阔论。也许，这正是毒树之果规则在"两个证据规定"草案中有所涉但是在正式颁行的文件中予以删除的主要原因。

（二）独立审判权的"有名无实"

在刑事诉讼活动中，法庭审理阶段作为案件事实认定以及能否对被告人作出有罪处罚的关键阶段，其重要性不言而喻。法官作为整个庭审活动的"主导者"，能够在实质层面独立地对案件事实进行审查认定意义重大。首先，作为庭审活动的直接参与者，其亲身参加了法庭审理活动的各个环节，特别是在举证和质证的基础之上，能够基于控辩双方的诉讼情况对涉案证据之可采性作出客观性评价，并且据此对案件作出裁判，由此便可以保证裁判结果的客观性和公正性。其次，作为庭审活动的实际参与者，通过对案件事实的深入了解，可以结合具体实际情况作出裁判，从而实现个案正义。

不过，司法实践表明，法官所享有的独立审判权有时会沦为"徒有虚名"，原因主要体现在以下两个方面。

一是政法委员会"协调"办案。从机构职责来看，政法委员会的工作职责在于推动各项政法工作、社会治安综合治理工作有序进行，同时对各政法机关之间的关系进行协调。事实上，政法委员会设立之初，其主要工作在于负责宏观性、政策性问题，并未涉及对具体案件的处理。但是，随着"维稳"工作的需要，政法委员会开始对一些存在争议的重大案件或者疑难案件进行"协调"。由于政法委书记一般由公安机关负责人或政府机关负责人升任，因此，在案件"协调"过程中对公安机关的认同感较强，"协调"的结果也往往表现为检察机关提起诉讼、法院作出有罪判决。由此可见，当案件进入政法委员会"协调"的情况下，法院有时会被公安机关"牵着"走，法官所享有的独立审判权也处于被"和谐"的境地。

二是审判委员会"专权"办案。所谓"专权"，是指审判委员会对案件的处理决定法官必须执行。在刑事诉讼活动中，如果合议庭对案件的处理存在争议，或者案情重大、疑难，则审判委员会可以对案件进行处理。客观而言，审判委员会成员均是由经验丰富的专家组成，由其对案件进行处理可以有效解决案件中所涉及的争议问题。由此可见，该项制度设置初衷具有合理性。当然，在理论上，不管是审判委员会的专家，抑或审理案件的法官，对案件作出最终裁决之前，都应当亲自参与庭审活动，这也是直接言词原则的应有要求。但是实践表明，审判委员会的处理决定很少是基于直接参与法庭审理活动而形成的认识，相反，对案件事实的认识主要基于两种方式：一是查阅案卷材料；二是基于庭审活动的片段化认识❶。由此便造成了"审者不判、判者不审"的尴尬局面。

总之，在审判委员会参与案件审理的情况下，对案件事实作出实质性处理决定的"裁判者"欠缺对涉案证据进行全面审查，而作为案件"处理决定"的"执行者"，尽管法官对全案证据进行了全面审查，但是由于审判权被"架空"，事实上无法

---

❶ 审判委会成员并未全程参与庭审活动，只是参与了一部分，造成对案件事实及涉案证据的认识表现出片段化特点。

基于自己的认识对案件事实作出认定。此时，当法官的独立审判权尚且无法得到保障的情况下，提出对"毒树之果"的可采性进行审查认定往往被认为"天方夜谭"。

（三）真实性审查的"越俎代庖"

在证据学理论中，证据的审查包括两个方面：一是证据能力审查；二是证明力审查。所谓"证据能力审查"，是指对证据材料可否作为证据进入诉讼程序进行审查，包括客观性审查、关联性审查以及合法性审查。这是证据审查过程中第一阶段需要解决的问题。所谓"证明力审查"，是指对进入诉讼程序的证据材料就案件事实的证明程度进行审查，包括真实性审查和充分性审查。这是证据审查过程中第二阶段需要解决的问题。就二者的关系而言，首先，证据能力审查起着基础性作用。只有解决了证据材料能否作为证据使用的问题，才能够为进一步的审查活动提供基础。其次，证明力审查是证据能力审查的延伸。证据材料具备证据能力只是满足了首要条件，最终能否作为定案根据，还需要进行证明力审查。在证据审查的过程中，二者具有顺序性，只有先解决了证据材料之证据能力问题，才能够深入解决证明力问题，二者的审查顺序不能颠倒。因此，在审查内容上也应当按阶段、按顺序进行，特别是证据的合法性审查与真实性审查，二者不能混淆。

所谓"合法性审查"，是指对证据材料是否符合法律的预设规定进行审查，包括取证主体、取证程序以及证据形式等内容的审查。一般而言，合法性审查是法定证据制度的产物，通过预设相关规则，以此限制法官自由裁量权的滥用。可以说，这是证据能力层面的问题。所谓"真实性审查",是指对证据材料的真实可靠性进行审查,包括对证据材料来源的可靠性、内容的可信性等方面进行审查。由于证据材料的真实性审查需要法官运用自己的认知进行价值衡量,因此,真实性审查往往伴随着自由心证制度而产生,属于证明力层面的问题。由此可见,合法性审查与真实性审查事实上归属于不同层面的证据审查内容,二者的适用顺序不能颠倒,更不能混淆使用,否则将会影响对证据的准确认定。

不过,司法实践表明,我国司法活动中将二者混淆在一起的情况较为普遍,主要表现在以证据的真实性判断合法性,详言之,如果证据是真实的,那么该证据便具有合法性。这就是所谓的"证据真实即合法"。而这种审查方式无形之中为"毒树之果"可采性的审查设置了障碍。因为有些"毒树之果"的内容可能是真实的,如凶器、盗赃物、尸体等,但是其收集程序却是非法的,换言之,在先前取证行为非法的情况下,如果以"毒树之果"的真实性倒推证据的合法性,那么最终的结果必然是"毒树之果"具有可采性。由此可见,在将证据的合法性审查与真实性审查相混淆的情况下,并且又侧重于强调以"真实性"反推"合法性",此时对"毒树之果"进行可采性审查将会是徒劳。

综上所述,在四中全会通过《全面依法治国决定》以前,特别是在全面推进深入司法改革之前,我国的司法环境并不具备构建毒树之果规则的基础,甚至还存在有碍构建毒树之果规则的不利因素。因此,在当时的背景下构建毒树之果规则困难重重。

二、四中全会后：毒树之果规则迎来制度契机

围绕《全面依法治国决定》对我国法治体系建设和诉讼制度改革作出的重大部署，司法改革的帷幕全面拉开，而各项新的改革举措也为构建毒树之果规则提供了制度契机。

（一）以审判为中心的诉讼制度改革确立基本方向

在这场深化司法体制改革的浪潮中，事关办案模式改进、职权配置优化等大局问题的"以审判为中心的诉讼制度改革"无疑是一项重点工作，也是我国刑事司法未来发展和转型的基点。而审判中心主义所对应的内部实质和外部关系，则为我们揭示出毒树之果规则的构建契机。

从对内实质来看，通过对《全面依法治国决定》之"以审判为中心"的内容进行文义解释和主旨解读可知，它是以确保事实、证据经得起法律的检验为出发点，以贯彻证据裁判、严格证据适用、完善证据制度为实现路径，以保证庭审实质化、庭审中心主义为落脚点。由此可见，改革的核心正是证据问题。从对外关系来看，中央之所以在法院系统提出庭审中心主义之后又专门强调审判中心主义，原因之一在于后者触及审判与侦查、起诉之间的外部关系。由此可见，改革旨在对我国刑事诉讼的现行模式和实然体制做出重大突破。因此，立足于这两个方面看待针对"毒树之果"在内的证据排除问题，不难发现，这不仅是完善并严谨适用证据规则的重要支点，也是倒逼规范取证、夯实侦查基础的必然路径。

应当看到，自 2010 年"两高三部"联合颁布"两个证据规

定"初步确立非法证据排除规则以来，我国先后经过2012年刑事诉讼法的修订、2013年中央政法委、最高人民法院分别颁行的防止冤假错案规定等文件，完善了关于遏制非法取证行为的实体性和程序性规范。但是内容上的不完备和操作程序上的欠细化导致在规范取证行为的作用上并不尽如人意，弱化"口供情节"的效果仍然有待加强。特别是对于重复性供述以及基于非法取证行为而间接获取的"毒树之果"等问题，由于司法解释存在空白，造成排除规则在司法实践中难以充分适用。❶

不过值得肯定的是，在审判中心主义改革的推动下，2017年6月27日，"两高三部"联合颁行的《严排规定》直视了重复性供述之可采性审查问题，明确规定：对于在刑讯逼供行为影响下而作出的重复性供述，除非符合例外规定，否则该重复性供述应当与刑讯供述一并予以排除。由此不难预见，在以审判为中心的诉讼制度改革所带来的修补证据规则体系过程中，构建毒树之果规则将是其中的重要一环，从而真正实现取证行为的规范化。

（二）司法责任制为独立行使审判权提供重要保障

实践表明，冤假错案的发生既有体制问题，也有制度问题，而最终都落脚于证据的审查问题。之所以对证据的审查把关不严、办案质量不高，其原因表现在两个方面：一是法官的独立审判权"名存实亡"，致使法官在审查认定证据的过程中难以真正发挥审查效果；二是由于欠缺追责机制，办案人员在收集、

---

❶ 龙宗智：" '以审判为中心'的改革及其限度"，载《中外法学》2015年第4期。

审查以及认定证据的过程中抱有侥幸心理。为从根本上解决这些问题，以提高办案质量，四中全会之后推行了一系列改革举措，特别是针对完善证据审查制度以及确保法官能够独立对案件进行审理进行改革，并且取得一定成果。

首先，推行办案质量终身责任制。根据《全面依法治国决定》的要求，案件的处理不仅应当符合法律规定，还应当经受住历史的检验。为此提出了实行办案人员终身责任制和错误案件倒查追责制的改革要求。通过此项改革举措，实际上是为办案人员戴上了一个"紧箍咒"，如果其在办案过程中因心存侥幸而采取非法方法收集证据，或者由于其他因素放松对证据的审查以至于酿成错案，那么即便案件已经审理终结，也应当追究相关办案人员的责任。由此可见，此项改革举措旨在规范办案人员的程序意识、规则意识，办案人员只有在证据的收集、审查以及认定过程中严把证据关，才能够提高办案质量，从而实现司法的公正性。

其次，确保法官对案件进行独立审理。正如前文所述，司法实践中法官的独立审判权时常处于被架空的状态，这将直接影响对证据的审查认定。因此，为了确保法官在实质上享有独立审理案件的权力，四中全会之后主要推行了几项改革举措：一是对审判委员会制度进行改革，实现"由审理者进行裁判、由裁判者承担责任"的办案模式；二是为了使法官的裁判活动不受来自地方行政机关的干涉，实行地方法院的人财物提升至省一级统一管理，从而摆脱地方行政机关可能对审判权造成的干扰；三是弱化政法委在协调办案中的"专权"，从而保障案件得到公正处理。

总之，通过上述改革，一方面保障了法官独立审理案件的权力；另一方面再次强调了证据审查的重要性，从而为进一步完善刑事证据制度奠定了重要基础和方向指引，而在刑事证据制度改革完善进程中，构建毒树之果规则将成为关键一环。

（三）侦查终结前证据核查制度有助于实现证据的源头性预防

所谓"侦查终结前核查制度"，是指检察机关在侦查机关侦查终结前对其侦查活动以及相关证据进行调查核实的制度。在刑事诉讼活动中，侦查阶段处在刑事诉讼活动的最前沿，作为收集证据的关键阶段，恰恰也是出现问题最多的阶段。司法实践表明，冤假错案中所涉及的"问题证据"大多形成于侦查阶段。由此可见，侦查阶段的办案质量直接决定着后续诉讼活动的质量。换言之，正是由于以前的司法制度下对侦查阶段办案质量把关不严，才造成冤假错案的发生。

为了在源头上加强对证据的审查，从而提高办案质量，2016年由"两高三部"联合出台的审判中心改革的意见中提出要探索建立对重大案件实行侦查终结前核查制度，随之在2017年6月27日颁行的《严排规定》中正式确立该项制度。从这些改革举措中不难发现，尽管我国已经确立了非法证据排除规则，但是如何在源头上严格把关，通过有效规范取证行为以防范冤假错案发生仍然是改革的重要内容。正如前文所述，由于尚未构建毒树之果规则，实际上我国的非法证据排除规则正面临着被架空的困境，办案人员通过收集并使用"毒树之果"，可以成功规避非法证据排除规则的限制并实现其诉讼目的。由此可见，只有构建毒树之果规则，才能真正实现非法取证行为的源头性预防。

综上所述，在四中全会通过《全面依法治国决定》之后，随着司法改革各项工作的全面推进，特别是对于非法取证行为源头性预防之相关保障制度的构建，为我国构建毒树之果规则提供了重要契机。

第五节　探索毒树之果规则的试点性实践

所谓"试点工作"，一般是指在正式推行某项举措（或者制度）之前，首先选取一些或个别典型性地区或部门对将要推行的举措开展试行，当条件成熟时，再将该项举措在全国范围内或者在局部地区正式施行。总体而言，试点方式可以适用于各个领域。在司法改革领域，试点工作所能发挥的作用尤为重要。2014年6月，中央全面深化改革领导小组（以下简称"中央深改组"）通过了在司法体制改革领域开展试点工作的框架意见，标志着司法改革领域试点工作的全面铺开。2017年5月，习近平总书记在中央深改组第三十五次会议上又对进一步加强试点工作作出了重要工作部署。

之所以在司法改革领域推行试点工作，其原因在于，每一项司法改革的施行都会"牵一发而动全身"，如果没有成熟的经验积累，盲目推行某项制度不仅可能达不到预期效果，而且可能会适得其反。因此，只有在局部地区或部门开展试点工作，及时发现并解决某项举措（或制度）中存在的问题，及时总结实践经验，才能够为进一步在全国范围内施行该项制度夯实基础。例如，关于我国的监察体制改革，在正式施行该项举措之前，为了积累实践经验，首先选取了北京、浙江和山西作为试点地区开展试点工作，经过一年多的实践，并且在总结试点工作经验的基础之上，最终才在全国范围内普遍实施。由此可见，试点工作犹如某项举措（或制度）的试金石，也是对其进行"打磨"的一把利器。一方面，通过试点可以检验某项举措（或制度）的可行性及其存在的不足，总结可推广的经验；另一方面，在试点过程中，针对实践中出现的问题也可以及时进行改革完善，以弥补制度本身存在的不足。

在我国，尽管理论上对于毒树之果规则的研究已经取得一定成果，但是司法实践中毒树之果规则仍然属于新鲜事物。正如前文所述，科学构建毒树之果规则成为我国刑事诉讼制度改革进程中的必然选择。当然，考虑到我国刑事诉讼制度改革的推进速度，目前将毒树之果规则纳入法律规定之中可能还需要一段路程要走，但是在正式作出规定之前，可以充分发挥试点工作的重要作用，通过开展毒树之果规则的试点工作，在实践中不断积累经验，以便为科学构建毒树之果规则做好充分准备。

CHAPTER 05 >> 第五章

毒树之果规则的中国方案

通过前文内容可知，时下随着我国刑事司法制度改革的不断推进，构建毒树之果规则不仅具有现实必要性，而且要满足可行性要求，可以说，构建毒树之果规则已经成为我国刑事诉讼制度改革过程中的必然选择。不过我们也应当看到，由于毒树之果规则起源并发展于美国的司法制度，如果盲目予以借鉴，不仅无益于毒树之果规则在我国司法实践中应有效用的发挥，还会对我国刑事诉讼制度造成负面影响。由此可见，我们在借鉴域外毒树之果规则的同时，还必须要立足于我国的司法实际予以考虑。

第一节 毒树之果规则的构建模式

法律的生命力在于，要随着司法实践需求的

变化而发展。在美国,毒树之果规则的发展经历了从"单一排除"到"以排除为原则,以采纳为例外"渐进式的发展过程。一方面,正如美国联邦最高法院指出,如果只禁止非法证据的直接使用,而允许其间接使用的话,则等于在鼓励执法人员采取非法方法收集证据❶;另一方面,如果过度适用毒树之果规则,又会造成只要存在非法取证行为,证据就会被一排到底。从本质上看,"原则与例外的承认,目的在于不准执法人员利用非法行为而取得更优越的地位(原则的适用),但也不使其处于较非法行为前更劣势的地位(例外的适用)"。❷

就我国而言,影响毒树之果规则基本内容的因素表现在两个方面。一方面,在现代刑事司法理念的指导下,尽管在立法以及司法实践中体现出由片面强调"实体正义"向着"实体正义与程序正义并重"转变的发展趋势,但是实践表明,我们离真正实现"实体正义与程序正义二者并重"的目标还有一段距离。换言之,我们仍然行走在追求"二者并重"的目标之路上,而非已经达至终点。因此,为了尽快实现这一目标,需要加快推进刑事诉讼制度改革的步伐,通过排除"毒树之果",从而提高程序正义的实践效果。另一方面,近几年我国犯罪率虽然有所下降,但是打击犯罪的任务依然严峻,如何有效打击犯罪也就成为立法者以及司法实务部门一直以来的工作重点。由此可见,在构建毒树之果规则的过程中,为兼顾打击犯罪的现实需

---

❶ Nardone v. United States, 308 U. S. 338 (1939).
❷ 王兆鹏:《美国刑事诉讼法》,北京大学出版社2014年版,第281页。

要,这就要求我们在以排除"毒树之果"为原则的同时,需要辅之以例外规定作为补充。

总之,结合我国的司法实际,笔者认为,我国毒树之果规则采用"原则+例外"的体例较为科学合理。具言之,"毒树之果"应当以排除为原则,以采纳为例外。

首先,毒树之果规则的适用应当以排除为原则。正如前文所述,如果直接承认"毒树之果"的可采性,无异于为取证主体规避非法证据排除规则提供了一种有效的途径,而这种"架空"非法取证行为的后果直接损害了该制度的应有价值。因此,不管证据属于言词证据还是实物证据,一旦经审查认定属于"毒树之果",则原则上应当予以排除。

其次,毒树之果规则的适用应当考虑例外情况。在刑事诉讼活动中,不管偏重于"实体正义"还是偏重于"程序正义",都会使司法正义的天平发生倾斜。片面强调实体正义,往往以牺牲人权保障为代价;而过分注重程序正义,又会致使犯罪分子逃脱法律制裁的后果。因此,对于"毒树之果"尽管以排除为原则,但是考虑到我国刑事诉讼阶段性任务的实际情况,为兼顾惩治犯罪的需要,在符合以下情况时,"毒树之果"也可以具有可采性。

第一,"稀释的例外"。所谓"稀释的例外",是指如果"毒树之果"的"毒性"或者受"污染"的程度较小,以至于不足以动用排除"毒树之果"这种严厉的惩罚措施予以制裁,或者由于其他因素的介入使"毒素"得以稀释时,则该"毒树之果"具有可采性。不过值得注意的是,稀释例外的适用必须以存在"毒树之果"为前提,如果证据根本就不属于"毒树之果",此时也就没有必要审查其是否存在被稀释的情况。如何审查判断"毒树之果"是否得以稀释?笔者认为可以从以下几方面因素进行考量。一是因果关系的强弱。如果先前非法取证行为与"毒树之果"之间的因果关系非常微弱,则"毒素"可以得到稀释。二是非法取证行为的严重程度。如果非法取证行为的违法程度轻微,足以稀释先前取证行为违法性对"毒树之果"所造成的"污染",则"毒树之果"可以作为证据使用。三是介入因素的影响。例如,取证主体以非法证据为线索,在收集"毒树之果"的过程中,如果明确告知其线索来源非法,后者依然选择作证或者提供证据,在此情况下,"毒树之果"的"毒素"则因为取证主体的"告知行为"而得以稀释。

第二,"独立获取的例外"。所谓"独立获取的例外",是指对于线索或者"果实"而言,即使没有先前非法取证行为,也可以通过其他途径获取。独立获取的例外主要涉及两个方面。一是获取线索的独立。即,在不采取非法取证行为的情况下,仍然可以通过其他途径取得该线索。二是获取"果实"的独立。即,在不以非法证据所提供的内容为线索的情况下,也可以通过其他线索取得该"毒树之果"。也就是说,在"独立获取的例外"的情况下,"毒树之果"本身应当被排除,但是,考虑到即便没有非法取证行为或者非法证据提供的线索,也并不影响"毒树之果"的取得,出于节约司法资源的考虑,没有必要重复取证。此外,对于有些证据(特别是实物证据),由于其证据效力往往容易受到外部形态、空间方位等因素的影响,一旦经过了取证过程便失去了再次收集的可能性。因此，如果取证主体能够提供证据证明"毒树之果"存在"独立获取的例外"的情况，则该"毒树之果"也可以作为证据使用。

第二节 "毒树之果"的排除程序

程序设置问题关涉毒树之果规则在司法实践中的适用效果，因此，构建科学合理的"毒树之果"排除程序，对于我国毒树之果规则的确立和发展具有重要的理论和实践意义。一般而言，我国刑事诉讼活动可以划分为三个阶段：侦查/监察阶段、审查起诉阶段以及审判阶段。在不同诉讼阶段，由于诉讼程序的主导机关、诉讼活动的具体内容有所不同，因此排除"毒树之果"的具体程序也存在差异。

一、侦查/监察阶段的排除程序

在刑事诉讼活动中，侦查/监察阶段是收集并固定证据的关键环节，往往也是出现问题最多的阶段。由于侦查/监察机关肩负着查明犯罪事实和打击犯罪的重要任务，为及时侦破案件，有时不惜采取非法手段获取证据。长期以来，在公安机关、检察机关、法院三机关"配合有余，而制约不足"的工作机制背景下，一旦"毒树之果"经侦查/监察阶段顺利移送至其他诉讼阶段，则很难保证排除效果。因此，科学构建侦查/监察阶段"毒树之果"的排除程序，有助于在源头上实现排除"毒树之果"的最佳效果。关于侦查/监察阶段"毒树之果"的排除程序问题,应当主要考虑以下几个方面。

第一,"毒树之果"的排除主体。一般而言,我国侦查/监察阶段证据的审查主体具有"多元化"特征。详言之,首先,公安机关、监察机关可以对案件办理过程中所涉证据进行审查。例如,2020年《公安机关办理刑事案件程序规定》第71条第3款规定,如果侦查阶段发现存在应当排除的证据的,则经过公安机关负责人批准后,应当予以排除。由此可见,对于应当排除的证据,公安机关本身负有排除的义务。此外,根据《监察法》第33条第3款之规定,如果证据是经由非法方法取得,则应当将其予以排除,不得作为处置案件的依据。其次,检察机关在行使法律监督权的过程中也可以对证据进行审查。例如,根据现行《刑事诉讼法》第57条规定,检察机关对于侦查人员涉嫌以非法方法收集证据的,应当进行调查核实,一经确认存在非法取证情况的,则应当提出纠正意见。由此可见,在侦查/监察阶段,公安机关、监察机关和检察机关都有权对证据进行审查,包括对"毒树之果"的审查。当然,享有审查权并不意味着可以直接决定"毒树之果"的排除问题,由于检察机关法律监督权的行使形式只能表现为提出"纠正意见",不具有直接排除证据的"强制效力",因此,"毒树之果"能否得以排除,最终应当由公安机关或者监察机关决定。

第二,"毒树之果"排除的启动方式。从现有法律规定来看,侦查/监察阶段证据排除程序的参与主体包括四个。一是公安机关,即对于需要提请批准逮捕、移送审查起诉的证据材料,公安机关的相关部门应当进行全面审查，如果存在需要排除的证据，则应当依法排除。二是检察机关，即检察机关对于接到报案、举报或者发现公安机关、监察机关涉嫌以非法行为收集证据的，应当依法进行调查核实；此外，根据《严排规定》第14条之规定，对于重大刑事案件，检察机关应当在案件侦查终结前对公安机关取证行为的合法性进行核查。三是监察机关，即对于调查终结的职务犯罪案件，在移送检察机关审查起诉前，其内设的有关部门对证据进行审查时，如果发现存在非法取证情形的，则应当将该证据予以排除。四是犯罪嫌疑人及其辩护律师，即在侦查/调查期间，如果犯罪嫌疑人及其辩护律师认为侦查/监察机关存在以非法方式收集证据的，可以向公安机关、监察机关或者检察机关提出排除证据的申请。

如前文所述，侦查/监察阶段"毒树之果"的排除主要由公安机关、监察机关主导，因此，以排除程序的启动是否具有主动性为标准，"毒树之果"排除的启动方式可以划分为两种类型：一是主动启动型，即公安机关、监察机关在办案过程中或者在案件侦查/调查终结前，主动对应否排除"毒树之果"开展的审查认定活动；二是被动启动型，即公安机关、监察机关在接到检察机关要求核查或者排除"毒树之果"的"纠正意见"，或者接受犯罪嫌疑人及其辩护律师的控告申请排除"毒树之果"的情况下，对应否排除"毒树之果"所进行的审查认定活动。

第三，"毒树之果"排除的启动条件。在刑事诉讼活动中，为避免侦查/调查活动受到恶意干扰，影响查明案件事实以及打击犯罪的效率，根据法律规定，犯罪嫌疑人及其辩护律师在提出排除非法证据时，应当提供涉嫌实施非法取证行为的人员、时间、地点等线索或者材料。这是启动排除非法证据的基本要求。可以说，由于非法取证行为与非法证据之间的关系较为直接、紧密，因此，这些线索或者材料具有较强的针对性，换言之，这些线索或者材料可以为核查侦查/监察机关是否存在非法取证行为提供便利条件。不过，相较于非法证据，由于"毒树之果"的收集程序具有"两步性"特征，不仅涉及先前非法取证行为，而且存在以非法证据为线索又依法收集证据的行为，从这个角度来看，非法取证行为与"毒树之果"二者之间的关系更为复杂，在客观上，其排除的启动条件也应当区别于非法证据。但是作为启动条件，如果规定得过于严苛，则无形之中为犯罪嫌疑人及其辩护律师提出排除"毒树之果"的申请设置了障碍。因此，考虑到提供线索或者材料的便利性，笔者认为，在启动条件的设置上，如果犯罪嫌疑人及其辩护律师提出排除"毒树之果"的动议，并且提交了涉嫌实施先前非法取证行为的人员、时间、地点等线索或者材料，则有关机关应当启动"毒树之果"排除的审查程序。

第四，"毒树之果"的处理结果。正如前文所述，公安机关、监察机关在侦查/监察阶段享有排除"毒树之果"的决定权，因此，如果经审查认定某证据属于"毒树之果"，除非符合例外情况，否则公安机关或者监察机关应当决定将其予以排除。此外，如果排除"毒树之果"的审查程序是由检察机关或者犯罪嫌疑人及其辩护律师所启动，则公安机关、监察机关在作出排除或者不排除决定的同时，还应当以书面形式向检察机关作出情况说明，或者将处理决定书面告知犯罪嫌疑人及其辩护律师。当然，存在争议的是，如果公安机关、监察机关决定排除"毒树之果"，随之而来的问题是，对于被排除的此证据应否随案移送？之所以存在争议，原因在于，根据2019年《人民检察院刑事诉讼规则》第73条之规定以及《严排规定》第17条第3款之规定，检察机关在审查逮捕、审查起诉中依法排除的证据，应当随案移送，并标明已经被排除。但是，对于侦查/监察机关主动排除的证据是否应当随案移送，则存在立法空白，而且根据法律规定，经依法排除的证据，侦查机关不得将其作为提请批准逮捕、移送审查起诉的证据使用，侦查机关完全可以将该规定内容作为不移送相关证据的法律依据，而一旦故意隐瞒这些证据，则会给后续诉讼阶段中证据的审查认定活动带来障碍。因此，笔者认为，对于已经排除的"毒树之果"，在作出充分说明的情况下，也应当随案移送。

二、审查起诉阶段的排除程序

作为连接侦查/监察阶段与审判阶段的纽带，审查起诉阶段是证据由侦查/监察阶段转入审判阶段的关键环节，一旦审查不严格，导致本应当排除的证据进入审判阶段，甚至成为检察机关指控被告人实施犯罪行为的证据，则很有可能会造成冤假错案等严重后果，也会对司法公正造成损害。因此，应当充分发挥审查起诉阶段对证据审查的应有作用，严格审查涉案证据，清除非法证据隐患，而对"毒树之果"的审查认定也是应有之义，因为一旦"毒树之果"顺利经由该阶段进入审判阶段，则意味着检察机关对"毒树之果"的肯定，无形之中会激励侦查/监察机关继续以该种方式收集证据，其危害性不言而喻。因此，明确审查起诉阶段"毒树之果"的排除程序，可以为检察机关提供操作准则，以便准确审查认定"毒树之果"的可采性。由于审查起诉阶段"毒树之果"排除的启动条件与侦查/监察阶段相同，因此，在该阶段，"毒树之果"排除的程序问题主要包括审查主体、启动方式和处理结果三个层面。

第一，"毒树之果"排除的审查主体。在制度设置上，审查起诉阶段的主要功能在于，通过对侦查/监察机关移送起诉的证据材料进行全面审查：一方面，实现对侦查/调查活动的合法性进行监督；另一方面，为提起公诉活动，实现打击犯罪的工作任务提供基础保障。在刑事诉讼活动中，我国检察机关的机构职能具有双重属性：一方面，作为法律监督机关，检察机关负有对侦查活动合法性进行监督的法律义务；另一方面，作为公诉机关，检察机关又肩负着提起公诉、打击犯罪的重任。因此，检察机关在审查起诉阶段享有主导权，而且其工作重点在于全面审查证据材料，以便为提起公诉活动进行充分准备。事实上，审查起诉阶段的各项工作都是围绕着对证据的审查认定而展开。因此，笔者认为，作为侦查/监察机关移送起诉之证据材料的组成部分，应否排除"毒树之果"也应当由检察机关负责审查。

第二，"毒树之果"排除的启动方式。在审查起诉阶段，由于案件已经侦查/调查终结，证据材料已经由侦查/监察机关移送至检察机关，因此，诉讼程序的参与主体也发生了变化，由侦查/监察机关与犯罪嫌疑人转变为检察机关和犯罪嫌疑人。随着诉讼活动参与主体的变化，一方面，作为审查起诉阶段的主导机关，检察机关负有审查证据合法性的责任和义务；另一方面，根据《人民检察院刑事诉讼规则》第280条、第331条之规定，检察机关在审查案件时应当讯问犯罪嫌疑人。由此可见，犯罪嫌疑人也是该阶段中诉讼程序的主要参与主体，直接影响着证据材料的审查认定。在该阶段，证据的审查模式表现为"以检察机关为主，犯罪嫌疑人配合为辅"。而在该模式之下，启动排除"毒树之果"的途径主要表现为两种方式。一是检察机关公诉部门在审查证据材料的过程中，如果发现侦查/调查活动非法，或者证据的收集方式非法，则在排除该证据的同时，还应当主动对以该证据为线索又依法收集的其他证据（"毒树之果"）之可采性进行审查。二是作为利益相关方，"毒树之果"的排除与否直接关涉犯罪嫌疑人的切身利益，因此，在审查起诉阶段，犯罪嫌疑人及其辩护律师也可以向检察机关提出排除"毒树之果"的申请，检察机关在收到相关线索或者材料之后，应当及时对"毒树之果"的可采性进行审查核实。当然，为了提高审查效率，节约办案时间，检察机关在对"毒树之果"进行可采性审查时，可以进行书面审查，必要时，也可以要求侦查/监察机关对"毒树之果"的可采性作出书面说明或者提供证明材料，此外，也可以听取犯罪嫌疑人及其辩护律师的意见。

第三，"毒树之果"排除的处理结果。由于"毒树之果"排除的启动方式不同，因此，其处理结果也存在差异。具体而言，一是检察机关在排除非法证据，主动审查"毒树之果"可采性的情况下,如果审查后决定排除"毒树之果",则应当将排除决定以书面方式通知侦查/监察机关,也可以要求侦查/监察机关补充侦查/调查。二是在犯罪嫌疑人及其辩护律师申请排除而启动审查程序的情况下,如果公诉部门审查后决定排除"毒树之果",则应当将处理结果书面通知侦查/监察机关和犯罪嫌疑人,同时可以要求侦查/监察机关补充侦查/调查。而如果决定不排除"毒树之果",则应当将处理决定通知犯罪嫌疑人及其辩护律师。此外,根据《人民检察院刑事诉讼规则》第 73 条第 1 款之规定精神,对于已经被排除的"毒树之果",应当在作出说明后随案移送。

三、审判阶段的排除程序

在刑事诉讼活动中,审判阶段是"毒树之果"排除的最后阶段,在该阶段,由于"毒树之果"可采性的认定结果将直接影响案件的裁判结果,因此,控辩双方在该阶段的争论也最为激烈。在此情况下,如何合理设置"毒树之果"的排除程序,则成为法院能否有效审查认定"毒树之果"可采性的关键所在。

在我国,根据现行《刑事诉讼法》第 187 条第 2 款之规定,开庭前,法官可以召集控辩双方针对案件中涉及的回避、非法证据排除等与审判活动相关的问题听取意见,即所谓的"庭前会议制度"。该制度最早设立于 2012 年《刑事诉讼法》第 182 条,此项制度的设置初衷在于,将控辩双方在庭审过程中可能存在争议的证据问题、审判程序等问题提前至庭前会议阶段解决,一方面有助于法庭审理阶段集中精力审查主要案件事实;

另一方面还可以缩短庭审时间，从而节约司法资源。客观而言，庭前会议制度实现了对法庭审理活动的"瘦身"功能，也因此推动我国审判活动由传统上集中于法庭审理转变为分两个阶段进行审理：庭前会议阶段和法庭审理阶段。当然，就二者的关系而言，根据《严排规定》第25条之规定，一旦当事人及其辩护人提出排除证据的申请，并且提供线索材料，则法院应当召开庭前会议。由此可见，庭前会议具有较强的"前置性"的特点，而该阶段也将成为排除"毒树之果"的重要阶段。总体而言，该阶段关于排除"毒树之果"的程序问题，主要涉及以下两个方面。

第一，"毒树之果"排除的审查主体。根据我国《刑事诉讼法》及其相关司法解释的规定，庭前会议应当由审判人员主持召开，因此，该阶段"毒树之果"可采性的审查也应当由法官负责。不过存在争议的是，庭前会议阶段与法庭审理阶段的法官是否应当相同，法律规范对此没有作出明确规定。在国外，为了避免法官事先形成预断、保障审判的公正性，主持过预审的法官往往不能再继续参与庭审活动，换言之，预审法官与庭审法官不具有同一性。但是，从我国司法实践的情况来看，庭前会议的召集以及审理活动一般由案件的主审法官负责，在此情况下，即便庭前会议中排除了相关证据，由于法官已经对排除的证据内容有了充分了解，在"先入为主"因素的影响下，法官在法庭审理中难免存在偏见。有鉴于此，为确保法官在审理案件中秉持中立性，有必要规定由不同的法官分别主持庭前会议和法庭审理。

当然，对于如何设置庭前会议阶段的责任法官的问题，有学者认为，可以由"立案庭的法官担任庭前会议的主持者，刑事审判庭的法官则专门负责开庭后的审判活动"。❶ 笔者认为，作为一种有益探索，该观点值得肯定，不过，由立案庭法官负责主持庭前会议的建议仍然值得商榷。首先，我国法院立案庭法官普遍人员不足且工作任务繁重，由其兼顾庭前会议的主持工作，无形中增加了其工作负担。在立案工作压力较大的情况下，如果又要承担主持庭前会议活动的任务，对于立案庭的法官来说无疑是雪上加霜。其次，鉴于立案活动与庭前会议活动的工作机制、工作内容不同，由立案庭的法官主持庭前会议，很难保证其在庭前会议活动中的工作质量，同时也会对既定的立案工作造成影响。因此，笔者建议，为了保证法官的专业性和工作质量，充分发挥庭前会议制度的创立初衷，可以单独设置预审法官岗位，由其专门负责开展庭前会议的各项工作。

第二，"毒树之果"排除的处理结果。在庭前会议阶段，关于"毒树之果"排除的处理结果，笔者认为可以分为两种情况考虑。一是关于撤回"毒树之果"的处理。详言之，如果检察机关决定撤回该证据或者撤回排除申请，则在没有新的理由的情况下，不能在法庭审理阶段再次出示该证据或者提出排除申请；如果被告人及其辩护律师撤回该证据或者排除申请，则在没有新的线索或者材料的情况下，也不能在法庭审理阶段再次出示该证据或者提出排除申请。二是关于排除"毒树之果"存在争议的处理。如

---

❶ 杨宇冠等：《非法证据排除规则在中国的实施问题研究》，中国检察出版社2015年版，第114页。

果控辩双方在庭前会议中对"毒树之果"的可采性没有达成一致意见,并且法官对该证据的可采性也尚存质疑,则该证据应当转入法庭审理阶段进行审查认定;反之,如果法院对该证据的可采性已经排除了合理怀疑,则可以直接决定排除或者予以采纳,并且在法庭审理阶段不再进行审查(见图2)。

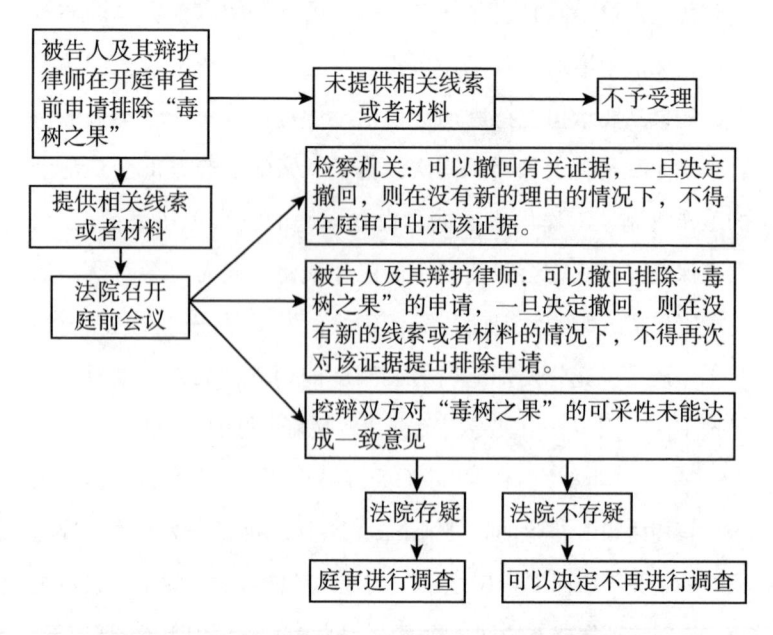

图2 庭前会议阶段"毒树之果"排除的处理

此外,除了庭前会议,法庭审理阶段也存在"毒树之果"排除的问题。

首先,对于庭前会议中争议较大,并且转入法庭审理阶段进行审查认定的"毒树之果",法庭应当进行调查核实,并在作出决定之前,不能将该"毒树之果"进行宣读、质证。

其次,在法庭审理过程中,针对庭前会议中已经作出处理决定的"毒树之果",如果检察机关能够提出新的理由,或者被告人及其辩护律师能够提供新的线索或者材料,则法庭应当进行调查核实。

最后,对于庭前没有提出排除"毒树之果"申请,但是在法庭审理阶段能够作出合理说明并且提出排除申请的,则法庭应当进行初步审查,对于存在质疑的,则应当进行调查核实;而如果不存在质疑的,可以直接驳回该申请。

当然,为了保证审判的公正性和裁判文书的说理性,对于审判阶段(包括庭前会议阶段和法庭审理阶段)有关"毒树之果"排除的处理决定及其理由,应当在判决书中进行必要说明。

第三节 "毒树之果"的证明

根据《现代汉语词典》的解释,证明是指"用可靠的材料来表明或断定人或事物的真实性"。[1] 一般而言,证明活动在社会生活中普遍存在。例如,学生在享受优惠活动时,需要出示学生证件来证明自己的学生身份;职工在出入工作场所时需要出示工作证件等。不过,相较于社会生活层面,刑事诉讼活动中的证明活动往往表现出更强的专业性和针对性,换言之,证明是"司法人员或司法活动的参与者运用证据明确或表明案件事实的活动"。[2] 可以说,证明活动贯穿于刑事诉讼活动的始终,

---

[1] 《现代汉语词典》,商务印书馆2012年版,第1663页。
[2] 何家弘、刘品新:《证据法学》,法律出版社2013年版,第194页。

除了法律规定的免证事实以外,其他任何事实的认定均需要运用证据予以证明,如果缺少了证明环节,则不仅案件事实难以认定,也直接影响相关诉讼请求的实现。因此,证明活动在刑事诉讼活动中具有重要意义。

在刑事诉讼活动中,证明活动是在科学完备的程序设置基础上实现的。刑事诉讼的证明活动既包括通过运用各种证据有机衔接的直接证明,当然也必须体现排除性保障程序,从而实现去伪存真的证明效果。作为一种程序性制裁措施,毒树之果规则的功能在于通过排除"毒树之果",从而遏制非法取证行为滋生。不过,由于"毒树之果"的排除关涉案件事实的认定,因此,对于证据是否属于"毒树之果",以及该"毒树之果"应否予以排除,必须由负有证明责任的主体提供证据进行证明,否则,其将会承担证明不能或者证明不力的后果。由此可见,在司法实践中,毒树之果规则能否得到有效实施,证明活动发挥着至关重要的作用。具体而言,关于"毒树之果"的证明问题,主要涉及以下几个方面内容。

一、"毒树之果"排除的证明对象

一般而言,证明对象是指需要运用证据进行证明的事实。在证据学理论中,证明对象具有基础性作用,"只有明确了证明对象,才能进一步明确由谁负责证明(证明责任),证明到何种程度为止(证明标准),以及如何进行证明(证明程序)"。[1] 因

---

[1] 宋英辉、汤维建主编:《证据法学研究述评》,中国人民公安大学出版社2006年版,第293页。

此，对"毒树之果"的证明问题进行研究，首先应当从证明对象开始。鉴于"毒树之果"应否具有可采性是争议的焦点问题，因此，证明对象也主要围绕"毒树之果"而展开。

首先，关于是否构成"毒树之果"的事实。在刑事诉讼活动中，毒树之果规则的适用必须以存在"毒树之果"为前提，如果不存在"毒树之果"，那么毒树之果规则也就失去了适用的基础。一般而言，对于是否构成"毒树之果"的问题，可以采取"两步分析法"进行证明。第一步，证明是否存在先前非法取证行为。正如前文所述，"毒树之果"的收集程序具有"两步性"特征，这就决定了"毒树之果"必须以存在先前非法取证行为为基础，如果不能证明存在先前非法取证行为，或者证据是直接基于非法行为而取得的，此时该证据便不属于"毒树之果"的范畴。第二步，证明该证据的收集否以非法证据的内容为线索。"毒树之果"区别于一般的非法证据、合法证据的关键在于，"毒树之果"的收集过程既涉及非法取证行为，也涉及合法取证行为，换言之，"毒树之果"的获取必须以非法证据的内容为线索继而又合法获取，如果证据的取得并非以非法证据的内容为线索，或者在该线索的基础上又通过非法取证行为收集，此时该证据也不属于"毒树之果"，而这些内容同样需要运用证据进行证明。

其次，关于"毒树之果"是否符合例外情况的事实。正如前文所述，毒树之果规则的基本内容由两个部分组成，即"毒树之果"的排除和"毒树之果"的例外。由此可见，在审查认定"毒树之果"的可采性时，不仅要查明"毒树之果"的构成问题，还需要考虑是否存在例外情况。一是对于"稀释的例外"，如果证明主体能够提供证据证明"毒树之果"的"毒性"或者受到"污染"的程度较小，或者由于其他因素的介入而致使"毒素"得以稀释，此时"毒树之果"具有可采性，反之，如果不能进行有效证明，则该"毒树之果"便应当予以排除。二是对于"独立获取的例外"，如果证明主体能够提供证据证明可以通过其他途径获取"毒树之果"的线索，或者"果实"的取得可以独立于先前非法取证行为而存在，此时该"毒树之果"也具有可采性。

总之，在审查认定"毒树之果"可采性的过程中，证明主体必须提供证据对"毒树之果"的构成以及是否符合例外的情形进行证明，否则将会因证明不力而无法实现其诉讼请求。

二、"毒树之果"排除的证明责任

所谓证明责任，是指"提出证据证明本方诉讼主张所赖以成立的事实的负担。承担证明责任的一方在提出证据证明某一主张时，还需要使裁判者对该主张的成立达到某一特定的内心确信程度。如果提出主张的一方不能证明该主张，或者所提出的证据尚不足以达到法定的标准，则该方就将承担其主张不能成立的消极后果"。❶ 可以说证明责任主要由三个方面内容组成："（1）行为责任，即诉讼当事人就其事实主张向法庭做出提供证据之行为的责任；（2）说服责任，即诉讼当事人使用符合法律

---

❶ 陈瑞华：《比较刑事诉讼法》，中国人民大学出版社2010年版，第125页。

要求的证据说服事实裁判者相信其事实主张的责任；（3）后果责任，即诉讼当事人在不能提供证据或者不能说服事实裁判者而且案件事实处于不明确状态时承担不利诉讼后果的责任。"❶由此可见，按照证明责任的分配原则，负有证明责任的主体为了实现其事实主张，不仅需要提出证据进行证明，还要达到足以说服裁判者的程度，否则其请求将无法得到支持。在美国，"毒树之果"可采性的证明责任往往由检控方承担。

就我国而言，关于排除"毒树之果"证明责任的问题，依据公诉案件和自诉案件之诉讼特点的不同，证明责任的分配也存在差异。

（一）公诉案件中"毒树之果"排除的证明责任

一般而言，在公诉案件中，由于受到"无罪推定原则"的影响，证明责任往往由检察机关承担。不过，在特殊情况下，辩护方也需要承担一定的证明责任，例如，"第一，制定法明确规定应当由被告人承担证明责任的情形或者其他可反驳的法律上的推定；第二，阻却违法性及有责性的事实；第三，被告方的某些积极抗辩主张；第四，被告方主张的程序性事实；第五，被告方独知的事实"。❷ 因此，结合公诉案件的具体情况，在审查认定"毒树之果"可采性的诉讼活动中，证明责任的分配主要包括以下两种情况。

---

❶ 何家弘：《短缺证据与模糊事实：证据学精要》，法律出版社 2012 年版，第 203 页。
❷ 卞建林主编：《刑事证明理论》，中国人民公安大学出版社 2004 年版，第 204—222 页。

首先，如果被告人及其辩护律师提出排除"毒树之果"的申请，则"毒树之果"可采性的证明责任应当由检察机关承担。之所以由检察机关承担证明责任，原因在于：第一，作为国家控诉机关，检察机关承担着打击犯罪的工作任务，为了实现控诉目的，需要对其提供的证据的可采性进行证明；第二，在刑事诉讼活动中，相较于被告人及其辩护律师，检察机关享有充分的调查取证权，因此，由其承担"毒树之果"可采性的证明责任具有便利性。当然，在该种情况下，作为排除"毒树之果"的申请主体，被告人及其辩护律师也应当承担一定的证明责任，即在提出排除申请的同时，应当提供相关线索或者材料。如根据《人民检察院刑事诉讼规则》第77条之规定，庭审过程中，如果被告人及其辩护人对讯问活动提出异议，则检察机关可以要求其提供线索或者材料。由此可见，被告人及其辩护律师对于其排除证据的申请应当承担初步的证明责任，否则排除程序将无法启动。

其次，如果检察机关提出排除"毒树之果"的申请，则作为该证据的提供主体，被告人及其辩护律师应当对"毒树之果"的可采性进行证明。如根据《人民检察院刑事诉讼规则》第395条之规定，公诉人可以对辩护人提出的证据提出异议。因此，在公诉人提出异议的情况下，辩护人应当对其收集的证据进行证明。

（二）自诉案件中"毒树之果"排除的证明责任

在刑事自诉案件中，由于被害人可以直接向法院提出诉讼请求，因此，对于自诉人的指控，一旦被告人及其辩护律师提出排除"毒树之果"的申请，则自诉人应当对其提交的证据之可采性进行证明。反之，在诉讼活动中，如果自诉人认为被告人及其辩护律师提交的证据属于"毒树之果"并且申请予以排除，则后者也应当对该证据的可采性进行证明。

三、"毒树之果"排除的证明标准

所谓"证明标准"，是指"承担证明责任的证明主体对证明对象进行证明所需达到的程度或尺度"。[1] 换言之，证明标准就是"诉讼证明所应达到'度'与'证明要求'，对证明主体而言是其需要运用证据证明待证事实所要达到的程度要求；对裁判者而言是其作出裁判时所应形成的确信程度要求"。[2] 从这个意义来看，证明标准的功能主要体现在：第一，可以为裁判者提供裁量标尺，有助于裁判活动的顺利开展；第二，通过明确证明标准，也可以对裁判者的裁判活动起到约束作用，避免其自由裁量权的滥用；第三，证明标准的确立，还可以为承担证明责任的主体进行证明活动提供可预期性，通过证明标准的指引，可以保障证明活动的有效性。由此可见，作为证明制度的核心内容，证明标准的确立对于诉讼活动而言具有重要意义，如果缺少了证明标准，则证据的审查认定活动也会受到影响。

当然，在刑事诉讼活动中，如果证明标准过高，证明主体很难达到证明要求，如果证明标准过低，又无法保障申请方的

---

[1] 李玉华等：《诉讼证明标准研究》，中国政法大学出版社2010年版，第17页。
[2] 杨宇冠等：《非法证据排除规则在中国的实施问题研究》，中国检察出版社2015年版，第142页。

合法权益。因此，具体的证明标准应当结合刑事诉讼制度、刑事政策等多种因素进行合理设置。就排除"毒树之果"的证明标准而言，笔者认为，由于不同主体在刑事诉讼活动中承担不同的证明责任，因此，其需要达到的证明标准也应有所区别。

（一）公诉案件中"毒树之果"排除的证明标准

首先，如果被告人及其辩护律师提出排除"毒树之果"的申请，证明标准可以划分为两种情况：第一，对于被告人及其辩护律师而言，由于其只需要履行初步的证明责任，因此，其提供的线索或者材料应当足以使法官对检察机关所提交证据的合理性产生怀疑即可，只要法官对控方提交的该证据存疑，便可以启动排除"毒树之果"的审查程序；第二，对于检察机关而言，由于其承担主要的证明责任，因此，对于"毒树之果"可采性的证明问题，应当达到足以使法官排除合理怀疑的程度，否则"毒树之果"就应当予以排除。

其次，如果检察机关认为辩护方提交的证据属于"毒树之果"并且申请予以排除，此时，辩护方对该证据承担的就是主要的证明责任，其不仅需要对该证据的可采性进行证明，还需要使法官对该证据的可采性达到排除合理怀疑的程度。

（二）自诉案件中"毒树之果"排除的证明标准

在自诉案件中，由于控辩双方享有平等的诉讼地位，并且被告人也可以对自诉人提起反诉，因此，在该种情况下，"毒树之果"排除的证明标准主要包括两种情况：第一，对于提出"毒树之果"排除申请的主体而言，由于其目的在于启动"毒树之果"的排除程序，因此，证明程度只需要使法官对证据产生怀疑即可，而无须达到更高的证明标准；第二，对于提出"毒树之果"排除申请的相对方而言，作为该证据的提供主体，一旦法官启动了"毒树之果"的排除程序，则其就应当对自己提交的证据进行充分地证明，并且需要使法官对该证据的可采性达到排除合理怀疑的程度，否则该证据将不具有可采性。

第四节　毒树之果规则的救济措施

在刑事诉讼活动中，"毒树之果"的处理结果往往直接关涉相关主体的诉讼利益：一方面，如果采纳"毒树之果"，则意味着对证据收集工作的认可，也为实现诉讼目的提供了基础，但是采纳"毒树之果"却使相对方处于被动地位；另一方面，如果排除"毒树之果"，则意味着对证据收集工作的否定，在排除"毒树之果"的情况下，很有可能会对其证据链条或者证据体系造成破坏，影响其诉讼目的的实现，不过，排除结果对于相对方却是有利的。由此可见，对于审查主体而言，其在作出处理决定时很难兼顾双方的利益，即处理结果只能作出单一选择，要么选择排除，要么选择采纳，而不管审查主体作出何种选择，"毒树之果"在排除与不排除之间，必然会损害一方的诉讼利益。由此可见，"毒树之果"的排除过程其实也是控辩双方为维护诉讼利益而进行博弈的过程，如果处理不当，不仅会影响诉讼主体对处理结果的可接受程度，也会损害程序正义的价值。因此，在"毒树之果"可采性审查认定过程中，设置合理的救济措施就成为程序正义的内在要求。

所谓毒树之果规则的救济措施，是指对于控辩双方在诉讼过程中提出的排除"毒树之果"的申请或者对"毒树之果"可采性的证明没有得到审查主体认可，并且其对处理结果存在异议的情况下，可以采取的救济措施。关于救济措施的设置问题，笔者认为，由于我国刑事诉讼中各诉讼阶段均涉及"毒树之果"的排除问题，因此，不同阶段救济措施也各具特点。

一、侦查/监察阶段的救济措施

一般而言，侦查/监察阶段是刑事诉讼活动的开始阶段，也是证据收集的关键阶段，如果"问题证据"能够在该阶段得以排除，不仅有助于案件事实的及时查明，还可以为后续诉讼活动提供便利。因此，正如前文所述，如果犯罪嫌疑人及其辩护律师认为侦查/监察机关收集的证据属于"毒树之果"而应当予以排除，则可以向侦查/监察机关提出排除申请。但是，该申请的提出并不一定会导致"毒树之果"被排除，而如果侦查/监察机关经审查后作出不予排除的决定，此时对于犯罪嫌疑人而言，能否寻求有效的救济措施以进一步审查侦查/监察机关的处理决定，将成为维护其合法权益的关键所在。

在侦查/监察阶段，由于侦查/监察机关处于主导地位，享有调查取证的主导权，而犯罪嫌疑人则处于被动接受调查的地位，因此，排除"毒树之果"的申请往往由犯罪嫌疑人行使，而救济措施也应当主要针对犯罪嫌疑人进行设置。笔者认为，在该阶段，如果犯罪嫌疑人及其辩护律师排除"毒树之果"的申请遭到拒绝，或者侦查/监察机关作出不予排除的处理决定，那么犯罪嫌疑人及其辩护律师可以通过以下途径进一步获取救济。

（一）犯罪嫌疑人及其辩护律师向侦查/监察机关提出复议申请

通常而言，复议程序主要运用于行政诉讼活动中。所谓行政复议，是指"行政相对人（公民、法人和其他组织）不服行政主体的行政行为，依法向行政复议机关提出申请，请求重新审查并纠正原行政行为，行政复议机关据此对原行政行为是否合法、适当进行审查并作出决定的法律制度"。❶ 在复议程序中，可以作为复议机关主体的主要包括两种：一是作出原处理决定的机关本身；二是作出原处理决定的机关的上一级机关，例如，犯罪嫌疑人对于县级公安机关的处理决定不服，则可以向市一级公安机关提出复议申请。事实上，复议机关与作出原处理决定的机关在工作机制上往往具有"同一性"，也正是基于这种"同一性"，相较于其他救济措施，复议程序具有天然优势，详言之，由本机关内部进行审查，或者由上一级机关进行审查：一方面可以节约审查时间，避免司法资源的浪费；另一方面在同一体制下进行审查，也具有很多便利性。因此，通过复议程序解决争议问题是运用最为广泛的一种救济途径。

当然，复议程序在刑事诉讼活动中也普遍存在。例如，根据《公安机关办理刑事案件程序规定》第 37 条第 1 款之规定，

---

❶ 胡建淼：《行政法学》，法律出版社 2015 年版，第 740 页。

当事人如果对驳回申请回避的决定存在异议，则可以向作出处理决定的公安机关申请复议。又如，根据《人民检察院刑事诉讼规则》第290条、第291条规定，公安机关可以对检察机关作出的不批准逮捕的决定申请复议。由此可见，复议程序在刑事诉讼活动中也发挥着重要作用。而有关侦查/监察机关对"毒树之果"排除申请的处理决定，笔者认为，也应当赋予犯罪嫌疑人及其辩护律师复议申请权，以保障其合法权益得到充分实现。详言之，如果犯罪嫌疑人及其辩护律师对该处理决定持有异议或者不服，作为救济措施，其可以向侦查/监察机关的有关部门提出复议申请，复议机关在接到申请后应当及时对不予启动"毒树之果"的排除程序，或者不予排除"毒树之果"的处理决定进行复查，经复议审查后，如果复议机关认为原机关的处理决定存在问题，则应当作出启动排除"毒树之果"的程序或者排除"毒树之果"的复议决定；而如果审查后认为原机关的处理决定正确，则应当作出维持处理决定的复议决定，并书面告知犯罪嫌疑人及其辩护律师。

当然，为了及时查明案件事实，避免犯罪嫌疑人利用复议活动恶意阻碍侦查活动的顺利进行，在复议期间不停止对案件的办理。

（二）犯罪嫌疑人及其辩护律师向检察机关提出申诉

在刑事诉讼活动中，侦查/监察机关承担着打击犯罪、维护社会秩序的工作任务，因此，在侦查/监察阶段，侦查/监察机关与犯罪嫌疑人之间存在天然的"对抗性"，而这种对抗性直接表现在，侦查/监察机关对犯罪嫌疑人提出的合理诉求的漠视或者偏见,在此情况下,即便犯罪嫌疑人及其辩护律师提出关于原机关对"毒树之果"处理决定的复议申请,也很难保证复议效果,这也是复议制度本身所存在的弊端。

为了解决上述问题,笔者认为,可以引入检察机关的外部监督机制。根据《人民检察院刑事诉讼规则》第556条第1款之规定,检察机关对于不服其他司法机关的处理决定而向其提出申诉的,应当根据案情移送至有关部门审查处理,如侦查监督部门、公诉部门。由此可见,如果犯罪嫌疑人及其辩护律师对侦查/监察机关的处理决定存在异议或者不服,则可以向检察机关提出申诉,由侦查监督部门负责对侦查/监察机关作出的有关排除"毒树之果"申请的处理决定进行审查,如果经审查,认为"毒树之果"确实应当予以排除,则应当提出纠正意见;反之,如果认为侦查/监察机关的处理决定正确,则应当书面告知犯罪嫌疑人及其辩护律师。

二、审查起诉阶段的救济措施

在刑事诉讼活动中,案件一旦进入审查起诉阶段,便意味着诉讼活动的主导权由侦查/监察机关转移至检察机关,此时,侦查/监察机关与犯罪嫌疑人一样,处于被动接受审查的地位,而检察机关对"毒树之果"可采性的处理决定,则直接影响双方的诉讼利益。因此,在该阶段,可以行使救济措施的主体有三个:侦查机关、监察机关和犯罪嫌疑人。

在我国,根据《宪法》第129条之规定,检察机关是国家的法律监督机关,因此,除了检察机关以外,任何单位和个人均不能行使法律监督权。由此可见，在审查起诉阶段，对于检察机关所作出的有关"毒树之果"可采性的处理决定，侦查/监察机关和犯罪嫌疑人只能通过申请复议的方式寻求救济，而无法通过其他主体对该处理决定进行审查，由此可见，相较于侦查/监察阶段，审查起诉阶段的救济途径具有单一性，即只能向检察机关申请复议。详言之，如果检察机关经审查，作出"毒树之果"具有可采性的处理决定，则犯罪嫌疑人及其辩护律师在收到告知通知书之日起，可以提出复议申请，请求对该处理决定进行复查；而如果检察机关作出排除"毒树之果"的处理决定，则侦查/监察机关在收到排除的处理决定时也可以向检察机关提出复议申请。检察机关在收到复议申请时，应当及时对该处理决定进行复查。

三、审判阶段的救济措施

正如前文所述，作为刑事诉讼程序中的最后一个阶段，不管是庭前会议阶段还是法庭审理阶段，其对"毒树之果"所作出的处理结果都直接影响案件的定罪和量刑。因此，在处理决定对案件的裁判结果发挥效果之前，为了保障审理程序和结果的公正性，提供必要的救济措施十分重要。

（一）庭前会议阶段"毒树之果"排除的救济程序

在庭前会议阶段，关于"毒树之果"的处理结果存在两种情况：一是确定性的处理结果，即在庭前会议过程中，证据的提供主体撤回该证据，或者审判人员经审查后将其予以排除，或者承认其可采性；二是存疑的处理结果，即控辩双方对该证据的可采性争议较大，并且审判人员也不能排除合理怀疑，此时该证据则直接转入法庭审理阶段进行调查。就该两种处理结果而言，由于第二种处理结果实际上并未对"毒树之果"的可采性作出终局性的决定，因此，庭前会议阶段"毒树之果"排除的救济程序与第一种处理结果中涉及的三种情况相同。此外，在该阶段，由于法院成为诉讼活动的主导机关，"毒树之果"可采性的处理结果往往由审判人员作出，因此，救济程序的启动权主要由检察机关和被告人行使。

首先，对于检察机关而言，如果其提交的证据被认定为"毒树之果"而予以排除，或者对于其提出辩护方提交的证据属于"毒树之果"而申请排除，但是审判人员却决定予以采纳的情况下，此时检察机关可以向法院提出对该处理决定进行复议的申请。

其次，对于被告人及其辩护律师而言，如果其提交的证据被认定为"毒树之果"而予以排除，或者其对审判人员作出的不予排除检察机关的"毒树之果"的处理决定存在异议时，则可以向法院提出复议申请。

此外，对于检察机关在该阶段能否行使法律监督权的问题，由于检察机关也是该阶段诉讼程序的参与主体，如果其在"毒树之果"排除的问题上行使法律监督权，则无异于其既可以作为运动员，又可以担任同一场比赛的裁判员，这与现代刑事诉讼司法理念不相符合，违背了程序正当性原则。因此，在该阶段，检察机关处于与被告人同样的诉讼地位，不能行使法律监督权，只有这样才能体现程序正义的价值理念。

(二) 法庭审理阶段"毒树之果"排除的救济程序

在法庭审理阶段,针对不同情况,控辩双方所能寻求的救济措施也存在差异。

首先,对于庭前会议中已经作出确定性处理决定的"毒树之果",如果检察机关或者辩护律师在法庭审理期间依据新的线索或者材料而申请对其再次进行审查,但是未获得法庭允许的,其可以向法院提出复议申请。

其次,对于庭前会议中因争议较大而转入法庭审理阶段的"毒树之果",笔者认为,对于法庭的审查结果,即便控辩双方存在异议,也不宜提出复议申请。原因在于:第一,避免庭审活动因复议程序而导致中断,有利于保障庭审活动的连续性;第二,可以维护裁判结果的权威性;第三,控辩双方可以通过其他途径获得救济。例如,如果被告人不服法庭对"毒树之果"的审查决定,或者认为其审查程序违反了法律规定,则可以提出上诉;而作为检察机关,也可以通过抗诉程序进行救济。

CHAPTER 06 >> 第六章
毒树之果规则的制度保障

　　作为证据排除规则的重要组成部分，毒树之果规则在遏制非法取证行为方面的积极作用显而易见。但是作为舶来品，该规则能否在我国确立并得以发展，还需要完善相关配套制度予以保障，否则，在与毒树之果规则密切相关的制度本身尚且欠缺完善的情况下，"毒树之果"可采性的审查认定活动也必将受到影响，在此情况下，即便毒树之果规则在我国得以构建，其应有价值也很难得到实现。因此，笔者认为，结合我国立法以及司法实践，应当对以下制度进行完善，以便为毒树之果规则的适用提供基本的制度保障。

第一节　完善取证过程制度

一、录音录像制度

在刑事诉讼活动中，侦查人员在审讯过程中同步录音录像不仅可以规范讯问行为，还可以在后续的诉讼活动中发挥证明作用。作为检察机关提供的、用以证明侦查机关审讯行为合法性的主要证据，录音录像在审查认定"毒树之果"可采性的过程中发挥着重要作用。因此，健全录音录像制度可以为"毒树之果"可采性的审查认定活动提供重要基础保障。司法实践表明，我国录音录像制度主要存在两方面问题：一是在侦查讯问过程中，同步录音录像的制作存在问题；二是在庭审过程中，录音录像的播放与使用存在问题。

（一）在侦查讯问过程中，同步录音录像存在的问题

讯问录音录像制度往往体现着审讯活动的透明程度以及侦查人员的办案水平。在讯问活动透明、办案水平高超的情况下，很难想象侦查人员会为讯问过程进行全程同步录音录像担忧，摄像机作为"哑巴观众"不可能对审讯行为造成任何干扰。与国外相比，我国录音录像制度的确立相对较晚，直到2012年我国《刑事诉讼法》第121条专门对录音录像的内容作出规定，该项制度才得以确立。不过，尽管该制度自确立至今已有数年，但是司法实践表明，其实施效果却并不尽如人意，笔者认为，这

与制度上的欠缺不无关系。

首先，根据现行《刑事诉讼法》第123条规定的内容可知，对于可能被判处死刑、无期徒刑的案件，以及其他重大刑事犯罪的案件，侦查人员在讯问时应当进行同步录音或者录像。但是仔细分析不难发现，该规定并没有对"可能""重大案件"的范围和标准作出进一步的解释或者说明，而司法实践中，侦查机关为了规避"应当对讯问过程进行录音或者录像"的强制性规定，往往在"可能"或者"重大案件"上"做文章"，将"可能判处"衍变为"可能不判处"，或者以案件并非重大为由从而不采取同步录音或者录像措施。

其次，现行《刑事诉讼法》第123条将录音录像表述为"录音或者录像"，在录音、录像、录音同步录像之间，法律赋予了侦查机关选择权，这就造成司法实践中侦查机关在讯问犯罪嫌疑人的过程中"只录音不录像，或者只录像不录音"现象的大量存在。在此情况下，尽管从录像画面内容或者录音内容来看，侦查机关的讯问行为并无不当，但是仅仅依靠画面或者声音并不能完全还原审讯过程的现实场景。例如，对于采取录像但是缺少同步录音内容的情况，尽管从录像画面上看，侦查人员在"依法"进行讯问，但是对于讯问过程中，侦查人员是否存在诱导性讯问，是否存在威胁性等违法讯问内容却无法查证。在此情况下，即便被告人及其辩护律师对审讯行为的合法性提出异议，也会因缺少证据支持而无法得到法庭认可，质证效果必然会大打折扣。

（二）在庭审过程中，播放"相关时段"录音录像存在的问题

根据 2021 年《最高人民法院关于适用〈刑事诉讼法〉的解释》第 135 条第 1 款规定以及《人民检察院刑事诉讼规则》第 77 条第 1 款规定，在法庭审理过程中，如果被告人及其辩护律师对侦查机关讯问过程的合法性存在异议，则检察机关可以通过播放相关时段的录音录像进行证明。值得肯定的是，该规定确立了我国讯问录音录像与犯罪嫌疑人供述的印证规则，有助于证明活动的顺利推进，而"有针对性地播放"或者"播放特定时段"的讯问录音录像则可以节约庭审时间，避免司法资源的浪费。但是我们也应当看到，只播放相关时段录音录像的方式同样存在不容忽视的弊端。

众所周知，讯问录音录像主要由侦查机关制作并保存，由于我国法律没有赋予辩护律师在场权，其不能直接参与讯问过程，从而缺乏对案件讯问录音录像资料的宏观认识。此外，实践中辩护律师调取讯问录音录像资料又面临重重阻碍，此时，辩护律师在没有全面掌握讯问录音录像资料的内容以及讯问过程的情况下，很难在庭审过程中对检察机关播放的"特定时段"的讯问录音录像展开有力的质证，这就造成被告人及其辩护律师在质证环节往往处于被动地位，质证活动也多沦为走过场。由此可见，在讯问录音录像与犯罪嫌疑人供述的印证规则缺乏有效机制保障的情况下，庭审期间播放录音录像的证明方式也无法保证审讯程序的合法性。

综上所述，由于"毒树之果"的构成必须以存在先前非

法取证行为为基础，而是否存在先前非法取证行为也就成为审查认定"毒树之果"可采性的重要内容。因此，为了充分发挥录音录像制度在"毒树之果"可采性审查认定程序中的证明作用，笔者认为，我国录音录像制度应当进行以下几个方面的改革。

第一，在立法层面，应当对何谓"可能""重大案件"等作出明确解释或者说明，规范适用范围和标准。之所以如此改革，一是为司法实务部门提供操作标准，规范审讯行为；二是有助于对讯问程序是否合法规范提供审查便利。

第二，为了保障录音录像内容的全面性、真实性，充分发挥录音录像在审查认定证据的过程中的应有作用，一旦侦查机关决定或者法律强制规定采取录音录像，那么录音与录像必须同步进行，否则该录音录像不得作为证明讯问程序合法性的证据使用。

第三，为解决庭审过程中被告人及其辩护律师对检察机关播放的"特定时段"录音录像质证不力的问题，笔者认为，我们可以借鉴英国的录音录像制度，即在审讯结束时"警察会制作磁带的副本和文字记录，并提交给辩护律师。辩护律师可以根据磁带检查文字记录的准确性，并与公诉方确认文字记录是否有所改动"。[1] 之所以如此借鉴，原因在于：在辩护律师的参与下，一是可以有效地保障录音录像资料的完整性（或称为"原始性"），避免侦查机关恶意剪接、删改；二是可以避免犯罪

---

[1] 彭勃编译：《英国警察与刑事证据法规精要》，厦门大学出版社2014年版，第311页。

嫌疑人恶意翻供，故意拖延诉讼时间；三是可以为被告人及其辩护律师在法庭审理过程中针对检察机关播放的录音录像提供质证基础。

二、线索审查制度

按照《元照英美法词典》的解释，线索是指可以帮助查明犯罪或者解决问题的提示。[1] 线索在刑事诉讼活动中发挥着重要作用，一方面，线索有助于发现犯罪事实，并且为案件的侦查活动提供侦查方向。例如，在尸体附近发现一把沾有血迹的匕首，经鉴定，该匕首上遗留的指纹与被害人妻子的指纹相同，侦查机关可以据此线索对其妻子进行询问，或者将其妻子列为嫌疑人进行讯问。另一方面，线索还可以为证据的收集工作提供便利。例如，在某贪污案件中，经过讯问，犯罪嫌疑人交代了赃款的隐藏地点，侦查机关依据该线索顺利地搜查到了赃款。由此可见，线索也在一定程度上影响着案件侦破工作的进行，侦查机关也往往比较重视对线索的搜集。不过，在侦查过程中，由于侦查机关的主要任务在于收集证据、查明案件事实，并且在"重实体、轻程序"思想的影响下，就线索而言，侦查机关更多关注的是线索在查明案件事实方面所能发挥的作用，至于其本身合法性审查的问题，则很少予以关注。

就"毒树之果"而言，正如前文所述，由于其收集过程必须以非法证据为线索，换言之，线索具有非法性是"毒树之果"

---

[1] 《元照英美法词典》（缩印版），北京大学出版社2013年版，第240页。

成立的首要条件，因此，在审查认定"毒树之果"可采性的诉讼程序中，应当首先对其线索的合法性进行审查。不过，由于我国线索审查制度仍然不够完善，这些不足也直接影响"毒树之果"可采性审查认定活动的顺利开展。

（一）我国线索审查制度存在的问题

从立法以及司法实践的情况来看，在刑事诉讼活动中，线索的来源主要有两种途径。一是私人主体发现并提交的线索，包括公民的举报、报案、被害人的控告以及犯罪嫌疑人自首等。例如，《刑事诉讼法》第110条规定，任何单位和个人一旦发现有犯罪事实，或者发现犯罪嫌疑人的，则应当向公安机关、检察机关或者法院举报或者报案。因此，公民等私人主体可以通过举报、报案等形式提供线索。二是侦查机关在办案过程中收集的，或者经由其他机关移送的相关线索。例如，根据《人民检察院刑事诉讼规则》第60条第1款之规定，如果检察机关发现辩护人存在毁灭、伪造证据或者威胁证人作伪证等干扰司法机关诉讼活动的行为，并且涉嫌犯罪的，则应当将线索移送给有管辖权的公安机关处理。又如，根据最高人民法院颁布的《关于处理自首和立功若干具体问题的意见》（法发〔2010〕60号）第6条之规定，在审理期间，对于被告人提交的侦破其他案件的线索，如果法院经审查认为其指向明确、内容具体的，则应当将其移交给有管辖权的侦查机关处理。由此可见，侦查机关不仅可以自己收集案件线索，还可以接受其他机关移送的相关线索。对于这些线索的审查，主要涉及以下几个方面。

第一，管辖审查，即受理机关对线索所涉内容或者案件事实的管辖权进行审查。例如，《刑事诉讼法》第110条第3款规定，公安机关、检察机关或者法院在接到举报、报案或者控告后，经审查，如果不属于自己管辖的，则应当及时移送给其他有管辖权的机关处理。又如，《公安机关办理刑事案件程序规定》第175条第1款规定，如果公安机关对其发现的犯罪线索或者接受的案件进行审查后，认为其没有管辖权，则应当移送给有管辖权的机关处理。

第二，立案审查，即有管辖权的机关对线索的内容进行立案审查，包括是否存在犯罪事实的审查和是否需要追究刑事责任的审查。例如，《刑事诉讼法》第110条规定，公安机关、检察机关或者法院应当在管辖范围内对举报、报案、控告进行审查，对于属于自己管辖的，应当予以接受。又如，《人民检察院刑事诉讼规则》第161条规定，检察机关对举报、报案、自首等应当进行审查。总之，如果经审查，存在犯罪事实并且需要追究刑事责任的，则有管辖权的机关应当予以立案。

第三，线索来源的合法性审查，即对于提供主体所获取线索的程序或者手段是否符合法律规定进行审查。例如，根据最高人民法院颁布的《关于处理自首和立功若干具体问题的意见》（法发〔2010〕60号）第4条之规定，对于犯罪分子通过以下三种方式所获取的线索，不得作为认定存在立功情节的依据：一是通过胁迫、贿买或者暴力等非法方式取得的线索；二是违反监管规定，在会见律师或者亲友的过程中取得的他人犯罪线索；三是本人在以往工作中掌握的，或者基于工作便利而从其他办案人员处获取的犯罪线索。如果犯罪分子提供他人犯罪线索并申请从轻处罚的，则应当对该线索的来源进行合法性审查，由此可见，线索来源的合法性审查在认定立功的过程中发挥着重要作用。

第四，线索内容的真实性审查，即依据线索内容进行查证，以证实该线索内容是否属实。例如，根据最高人民法院和最高人民检察院联合发布的《关于办理职务犯罪案件认定自首、立功等量刑情节若干问题的意见》（法发〔2009〕13号）第2条第5款之规定，如果犯罪分子揭发他人犯罪行为并提供线索的，应当进行审查，只有在查证属实的情况下，才能构成立功。

总体而言，尽管线索审查的问题涉及以上四种情况，但是通过分析可知，司法实践中办案机关在线索问题上关注更多的是管辖审查和立案审查，换言之，如果该线索只是为发现犯罪事实或者收集其他证据提供方向或者提示，经审查，侦查机关认为属于自己管辖并且应当予以立案时，此时其往往直接依据该线索提示内容开展相关的侦查活动，而对于线索来源的合法性问题则不进行审查，除非该线索内容对案件事实的认定产生直接影响，包括对定罪的影响和对量刑的影响。在此情况下，如果不对线索来源的合法性进行审查，一方面，经由非法行为获取的线索容易得到"洗白"，可能会助长非法获取线索行为的滋生，有违程序正义的价值要求；另一方面，在无法对线索来源的合法性进行审查的情况下，"毒树之果"可采性的审查活动也难以得到有效保障。

（二）线索审查制度的完善举措

由于线索来源的合法性直接关涉"毒树之果"可采性的审

查认定，因此，如果线索来源欠缺合法性审查，侦查机关完全有可能利用该"漏洞"规避毒树之果规则，即侦查机关通过授意其他主体非法收集相关线索，继而在该线索的基础之上又依法实施侦查行为，在此情况下，毒树之果规则也很难发挥其应有效果。因此，笔者认为，为了保障毒树之果规则的有效运行，应当对线索审查制度进行完善，即线索来源的合法性审查应当适用于任何线索，而非仅局限于对认定案件事实产生直接作用的线索。

首先，对于私人主体举报、报案或者控告而提交的线索材料，侦查机关应当进行管辖审查和立案审查，如果其所涉内容属于自己管辖并且符合立案条件的，则在立案之后应当对线索来源的合法性进行审查，可以在相关主体提交线索材料时通过询问的方式进行查明，也可以自己进行调查核实，并记录在案。不过，由于侦查机关肩负查明案件事实、打击犯罪的任务，为及时查办案件，即使经审查发现线索材料的收集程序或者手段存在非法行为，如果线索材料的内容具体、指向明确，侦查机关也应当及时启动侦查程序进行侦查。

其次，对于其他机关移送的线索材料，侦查机关也应当首先进行管辖审查和立案审查，如果属于自己管辖并符合立案条件的，应当进一步对其线索来源的合法性进行审查，同时依据该线索开展侦查活动；如果经审查不属于自己管辖或者未达到立案标准的，则应当书面告知移送机关。

第二节 完善证据制度

一、情况说明制度

所谓"情况说明",是指在刑事诉讼活动中,为了证明侦查机关办案程序的合法性,而由其主动提供的或者在检察机关要求下出具的、能够证明其办案程序具有合法性的书面证明材料或者说明材料。例如,根据《人民检察院刑事诉讼规则》第410条第4款之规定,在庭审过程中,如果被告人及其辩护律师提出庭前供述是由侦查机关采取非法行为取得,或者法官认为侦查机关所收集证据的合法性存在疑问而需要进行调查的,则检察机关可以提交由侦查机关出具的说明材料进行证明。由此可见,作为我国一种特有的证明方式,情况说明的特点主要表现在:第一,情况说明是证明侦查程序合法性的证明材料,因此,一般只能由侦查机关出具;第二,情况说明必须符合一定的形式要件,包括侦查人员签名以及加盖单位公章,否则该说明材料便不具有证据能力;第三,情况说明必须与其他证据相互印证,否则其不能单独作为证明侦查机关取证程序合法性的根据。

在刑事诉讼活动中,运用"情况说明"对侦查机关取证行为合法性进行证明具有一定优势,因为侦查机关的办案过程往往具有封闭性,除了犯罪嫌疑人以外,就只有办案人员参与其中，而办案人员在该过程中又处于主导地位，在此情况下，犯罪嫌疑人很难对侦查机关所实施的非法取证行为提供证据进行证明。因此，由侦查机关提供"情况说明"以证明自己取证过程的合法性具有便利性。不过值得注意的是，运用该种证明方式的前提假设是：侦查机关是诚实的，并且是公正无私的。而实践表明，侦查机关在办案过程中采取以非法方式实施取证行为的现象时有发生，有的甚至还试图进行掩盖，例如，在采取刑讯逼供的非法手段获取供述之后，又及时通过获取重复性供述的方式对先前非法供述的内容进行固定；又如，在讯问过程中，故意单方面地选择同步录音或者录像，致使法庭质证过程中辩护方无法对讯问过程提出实质性的质证意见。由此可见，侦查机关通过提供"情况说明"的方式来证明本机关取证程序具有合法性，其弊端也是显而易见的。

从我国目前的司法环境来看，作为一种证明方式，尽管"情况说明"存在不足，但是其仍然有生存空间，并且在司法实践中的运用也非常广泛，而在"毒树之果"可采性的审查认定过程中，也可能会涉及侦查机关通过提交"情况说明"的方式对其取证程序的合法性进行证明。因此，为了保障"毒树之果"可采性审查的有效性，笔者认为，首先，"情况说明"只能在法庭审理之前的诉讼阶段中使用，包括审查起诉阶段、庭前会议阶段，在法庭审理阶段，介于其所存在的弊端，则不宜轻易作为审查认定"毒树之果"是否具有可采性的证据使用。其次，对于现有的"情况说明"制度，也应当在以下两个方面进行完善。

第一，在法庭审理阶段，侦查人员应当出庭作证。一般而言，侦查人员作为实施取证行为的主体，如果仅以"情况说明"来替代出庭作证的话，其危害性十分严重。因为在侦查人员不出庭的情况下，被告人无法与侦查人员在法庭上展开直接对质，辩护人也无法进行有效的辩论和质证，在此情况下，法官很难认可辩护方提出的有关侦查机关取证行为存在非法性的质疑，❶此时，排除"毒树之果"的请求也将沦为空谈。因此，笔者认为，在法庭审理阶段，如果被告人及其辩护律师对检察机关提交的"情况说明"提出异议，并且申请侦查人员出庭的，法庭应当要求侦查人员出庭。如果侦查人员未依法出庭，该"情况说明"不得作为审查认定"毒树之果"可采性的证据使用。

此外，关于侦查人员在法庭中的诉讼地位问题，《公安机关办理刑事案件程序规定》第72条第1款规定，如果法院通知侦查人员出庭说明情况，侦查人员应当出庭，必要时也可以主动要求出庭。从该规定内容可知，尽管其对侦查人员出庭的问题作了规定，但是侦查人员应当以何种身份出庭，换言之，侦查人员在法庭审理过程中的诉讼地位如何，法律却没有作出明确规定。因此，司法实践中，尽管也存在侦查人员出庭的情况，但是其出庭的目的只在于说明情况，或者将"情况说明"中的内容复述一遍，在此情况下，被告人仍然无法与其直接进行对质，辩护律师也无法进行质证，而侦查人员的出庭行为也就衍变成"走过场"。因此，笔者认为，为充分发挥侦查人员出庭的

---

❶ 陈瑞华："非法证据排除规则的中国模式"，载《中国法学》2010年第6期。

积极作用，在侦查人员诉讼地位的问题上，其应当与证人相同，均应当接受辩护方的质证。只有如此，在审查"毒树之果"可采性的过程中，申请侦查人员出庭才具有实际意义。

第二，应当加强对"情况说明"的印证审查。根据《最高人民法院关于适用〈刑事诉讼法〉的解释》第 135 条第 3 款之规定，情况说明只有在得到其他证据相印证的情况下，才能作为证明侦查程序合法性的证据使用。但是司法实践表明，只要检察机关提供情况说明，则"法院在大多数情况下都对其证据能力不持异议，甚至直接作为定案的根据"。❶ 可以说，法院对于"情况说明"的过分依赖直接导致辩护方的质证权受到损害，在此情况下，也必然会对"毒树之果"可采性的审查认定产生影响。因此，笔者认为，法庭应当加强对"情况说明"的印证审查，以保障"毒树之果"可采性处理结果的准确性。

二、证人出庭作证制度

在审查认定"毒树之果"可采性的过程中，证人能够出庭直接接受质询，是控辩双方实现质证权的重要途径，也是法庭准确作出审查结果的基础保障。为此，《公民权利和政治权利公约》第 14 条第 3 款（戊）之规定以及《欧洲人权公约》第 6 条之规定都对证人出庭接受质询提出了明确要求。而完善的证人出庭作证制度对于毒树之果规则的运用而言，也具有重要意义。

不过，实践表明，证人出庭率普遍偏低恰恰是目前我国证

---

❶ 陈瑞华：《刑事证据法学》，北京大学出版社 2014 年版，第 397 页。

人出庭作证制度所面临的主要问题。例如，有学者对黑龙江省部分法院的调研数据显示，讷河市法院在 2013～2015 年，共计审结刑事案件 816 件，但是证人出庭的案件只有 3 件；齐齐哈尔市在 2013～2015 年，共计审结刑事案件 7900 件，但是证人出庭的案件只有 21 件；龙沙区法院于 2012～2015 年，共计审结刑事案件 1500 件，但是证人出庭的案件只有 1 件。❶ 在刑事诉讼活动中，之所以证人出庭率不高，笔者认为，其原因主要表现在以下几个方面。

第一，控辩双方申请证人出庭的条件过于严苛。根据《刑事诉讼法》第 192 条第 1 款之规定，控辩双方申请证人出庭的条件有三个：一是控辩双方对证人证言存在异议；二是证人证言对案件的审理（包括定罪和量刑）存在重大影响；三是法院认为有必要通知证人出庭。一般而言，只有在同时满足前述三个条件的情况下，才会出现证人出庭作证的现象。如果仔细分析可以发现，在三者之中，证人能否出庭作证，取得法院的认可起着关键性作用，换言之，法院掌握着证人出庭作证与否的决定权。而实践中，为了避免拖延诉讼时间、保证诉讼效率，法院在对待证人出庭作证的态度上往往比较消极，对于辩护律师提出证人出庭作证的申请大部分也予以拒绝❷，取而代之的，

---

❶ 陈光中、郑曦、谢丽珍："完善证人出庭制度的若干问题探析——基于实证试点和调研的研究"，载《政法论坛》2017 年第 4 期。

❷ 根据有的学者的访谈情况显示，在接受访谈的律师中，有 60% 的人认为：在大多数案件中，提出证人出庭作证的申请得不到法院许可。参见韩旭："新《刑事诉讼法》实施以来律师辩护难问题实证研究——以 S 省为例的分析"，载《法学论坛》2015 年第 3 期。

则是由法官在庭外以电话等方式进行调查核实。由此可见,"申请难"正是造成证人出庭率不高的主要因素。

第二,证人出于自身安危考虑,不愿出庭作证。在刑事诉讼活动中,证人证言的内容直接关涉对其他证据的审查以及案件事实的认定,特别是在证人出庭的情况下,如果其在法庭审理中所做出的证言与庭前证言一致,很容易得到法庭的信赖并成为认定案件事实的关键证据。因此,控辩双方对其作用都比较重视,而由于证言内容往往有利于一方诉讼主体,证人也因此容易遭受到诉讼相对方的打击报复。

为了解除证人出庭作证的后顾之忧,我国《刑事诉讼法》以及相关司法解释对保障证人及其近亲属的安全提出了明确要求。例如,《刑事诉讼法》第63条规定,公检法机关应当及时保障证人及其近亲属的安全,如果存在证人遭受打击报复的行为,应当及时依法进行处罚。此外,其第64条又针对一些特殊类型犯罪案件(如黑社会性质的组织犯罪)中涉及的证人规定了具体的保护措施,如不公开真实个人信息、在作证过程中对其声音进行技术处理等。由此可见,在保护证人安全的问题上,我国立法层面确实作出了一些努力。

不过,在司法实践中,证人因出庭作证而遭受打击报复的现象仍时有发生。例如,在李某受贿案❶中,检察机关在庭前向法庭提交了分别由5名证人提供的证明李某存在受贿事实的证言材料,但是在庭审期间,该5名证人当庭进行"翻证",提出

---

❶ 四川合江原县委书记李某获刑15年,证人曾集体翻供并被抓,载https://news.qq.com/a/20161230/020171.htm,最后访问日期2022年2月8日。

庭前所作证言不真实,因为受到侦查机关非法取证行为的影响。不过,就在庭审结束之后,该 5 名证人均以涉嫌伪证罪、妨害作证罪被公安机关采取强制措施,并且在被羁押期间,对庭审中的"翻证"内容又再次进行"翻证",即提出庭审期间其所作证言不真实,李某存在受贿事实。最终,法院作出了李某受贿事实成立的判决结果。而随着案件的宣判,一直处于羁押状态中的 5 名证人也被解除了强制措施。由此可见,担心遭受打击报复也是影响证人出庭率低的重要因素。

第三,经济补偿难以得到保障,证人出庭积极性不高。一般而言,证人为了出庭作证,必然会涉及一些经济费用问题,如交通费、住宿费、餐饮费等,如果这些费用由证人自己承担,对于证人而言是一种"不正义"。因此,我国法律法规对该费用的承担问题作出了明确规定。例如,《刑事诉讼法》第 65 条第 1 款规定,证人因出庭作证而支出的费用,应当列入司法机关业务经费予以保障。同时,《最高人民法院关于适用〈刑事诉讼法〉的解释》第 254 条也明确规定,法院应当对证人因出庭所支出的费用给予补助。由此可见,如果法院通知证人出庭作证,则其必须对证人出庭作证过程中所负担的费用进行补偿,这也是维护证人合法权益的一种保护措施。

不过,司法实践中有关证人的经济补偿问题也存在一些不足,主要表现在:首先,由于法律法规没有对补偿标准作出具体规定,司法实践中不同法院所作出的补偿标准存在差异。如有些法院采取"实报实销"的做法,以证人提交的发票作为补偿的标准;而有些法院则以当地统一的补偿标准为准进行支付。❶ 其次，由于证人出庭作证是其应尽的法律义务，而不能成为其获得经济收入的途径，因此，我国证人出庭作证的补偿费用普遍不高。由此可见，证人在既承担一定风险，又面临经济补偿无法得到有效保障的情况下，出庭作证的积极性自然不会很高。

第四，被告人的子女、配偶或者父母在作为证人时，可以享有出庭豁免权。一般而言，证人应当出庭接受控辩双方的质询，但是，出于维系家庭关系的考虑，2012 年《刑事诉讼法》在修改过程中针对前述三类主体增加了出庭豁免权，现行《刑事诉讼法》继承了该项制度，根据其第 193 条第 1 款之规定，法院可以强制证人出庭，但是证人属于被告人的子女、配偶或者父母的除外。如果该三类主体申请不出庭作证，也影响出庭率的问题。

总而言之，出庭率不高已经成为我国证人出庭作证制度中亟待解决的问题，而该问题的解决直接影响毒树之果规则的有效适用。为了保障毒树之果规则的有效运行，笔者认为，应当从以下几方面对证人出庭作证制度进行改进。

第一，应当降低控辩双方申请证人出庭作证的"门槛"。正如前文所述，根据我国《刑事诉讼法》以及相关司法解释的规定，控辩双方提出证人出庭作证的申请只有在同时符合三个条件的情况下其请求才能得以实现，而就这些条件而言，笔者认为存在两个问题。首先，将"证人证言对案件审理存在重大影

---

❶ 陈光中、郑曦、谢丽珍："完善证人出庭制度的若干问题探析——基于实证试点和调研的研究"，载《政法论坛》2017 年第 4 期。

响"作为证人出庭与否的条件之一,不具有正当性基础。因为在刑事诉讼活动中,任何作为裁判依据的证据在案件事实的审查认定过程中均发挥着重要作用,特别是证人证言,其内容往往对案件事实的审查具有指向性。因此,如果仅仅对证人证言进行书面审查,并且据此对案件事实进行认定,不仅剥夺了控辩双方的对质权、质询权,也违反了直接言词原则的要求,无法保证该证言内容的真实性以及案件事实认定的准确性。其次,法院在决定证人出庭方面的自由裁量权过大。根据法律规定,法院在决定证人应否出庭时主要考虑两个因素,一是证人证言对案件审理存在重大影响;二是证人是否有必要出庭。对于何谓"重大影响"、何谓"有必要"却缺乏进一步的解释,而这些模糊性规定在司法实践中往往成为法院拒绝证人出庭的重要理由。

因此,笔者认为,为了保障审判的公正性,对于证人出庭问题,应当加强控辩双方在申请证人出庭方面的主导权,即如果控辩双方提出证人出庭的申请,则法院原则上应当通知证人出庭,否则该证人证言不能作为定案的依据。

第二,应当加强对证人合法权益的保障。在证人出庭作证过程中,其合法权益主要涉及两个方面的问题:一是证人自身及其近亲属的安全问题;二是证人因出庭作证涉及支出费用的补偿问题。笔者认为,为了打消证人出庭作证的思想顾虑,提高其积极性,一方面,应当转变"特殊类型犯罪案件(如恐怖活动犯罪等)重点保护,其他类型犯罪案件一般保护"的保护机制,对于所有需要保护的证人都应当强调保护力度;另一方面,可以探索证人出庭作证经济补偿、奖励机制,即除了对证人因出庭作证所支付的必要支出(如交通费、食宿费等)进行补偿以外,还可以发放一定数额的奖励金。

第三,应当取消被告人的子女、配偶或者父母的出庭作证豁免权。在刑事诉讼活动中,作为与被告人共同生活的家人,如果要求其指证被告人的犯罪行为,这种"大义灭亲"的做法确实不利于维系家庭关系的和睦。因此,在德国,"法律要求在询问这些证人前要首先告知其享有免予作证的特权。如果没有履行告知义务,那么日后他们所作的陈述就不能当作证据使用"。❶《日本刑事诉讼法》第147条规定,"任何人,都可以拒绝提供有可能使下列人员受到刑事追诉或者受到有罪判决的证言:一、自己的配偶、三代以内血亲或二代以内姻亲,或者曾与自己有以上亲属关系的人。……"❷ 此外,《法国刑事诉讼法典》第335条规定,"不得经宣示接受下列人员的证言:1. 被告人的父亲、母亲或其他任何直系尊血亲……;2. 被告人的子、女或其他任何直系卑血亲;3. 被告人的兄弟姐妹;4. 被告人的同亲等的姻亲属;5. 被告人的丈夫、妻子;对已离婚的夫、妇,亦适用……"❸ 由此可见,从国外的情况来看,不管是德国、日本、法国还是其他国家,大都规定了亲属拒证权(或者免证权),而且该项权利是一种完全意义上的拒绝作证权,即不仅免

---

❶ 卞建林、刘玫主编:《外国刑事诉讼法》,中国政法大学出版社2008年版,第226页。

❷ 张凌、于秀峰编译:《日本刑事诉讼法律总览》,人民法院出版社2017年版,第40页。

❸ 罗结珍译:《法国刑事诉讼法典》,中国法制出版社2006年版,第243页。

于出庭，还可以免于作证。

相比较之下，其实我国立法机关在 2012 年《刑事诉讼法》修改过程中也考虑到了亲属拒绝作证的问题，立法初衷值得肯定。不过，如果仔细分析便不难发现，我国《刑事诉讼法》强调的是被告人的近亲属免于被强制出庭作证，而并非完全免除其作证义务，换言之，其近亲属仍然应当履行作证义务，只不过不需要出庭接受被告人的质证而已。笔者认为，该规定的具体内容与立法初衷相矛盾，因为即使以书面形式提供证言，如果该份证言成为指控证据，仍然会对维系家庭和睦造成影响。因此，应当取消亲属出庭作证豁免权，或者进一步赋予近亲属享有完全意义上的豁免权，不仅免于出庭接受质询，还应当免于提供作证的义务。

值得强调的是，大多数学者认为，"如果对被告极亲之亲属之拒绝证言权未加保护，则恐将使得其家庭内密切的信赖关系遭破坏"。❶ 而确立近亲属拒证权的立法初衷也正在于维系家庭关系。不过，笔者认为，该观点本身并无问题，但将近亲属拒证权的立法初衷仅局限于对家庭关系的维系并不全面。因为维系家庭关系是建立在这样的假设基础之上：近亲属提供的证言不利于被告人，这种针对自己亲属所提出的指控内容不利于家庭和睦，因此需要赋予近亲属免证权。但是，如果该假设条件发生了改变，即当近亲属提供的证言有利于被告人时，那么是不是近亲属就不享有免证权了呢？因此，笔者认为，亲属拒证

---

❶ ［德］克劳思·罗科信著，吴丽琪译：《刑事诉讼法》，法律出版社 2003 年版，第 213 页。

权还有另外一个设立初衷：保障案件事实的准确查明。

第三节　完善程序制裁机制

在刑事诉讼制度中，依据对违法取证主体法律责任追究方式的不同，制裁措施可以划分为两种情况：一是实体性制裁；二是程序性制裁。前者是指如果取证主体实施了非法取证行为，并且该行为触犯了刑事实体法律规定，则对其追究刑事责任的一种制裁措施。例如，《刑法》第247条规定，如果司法人员在诉讼活动中以刑讯逼供方法收集犯罪嫌疑人、被告人供述或者采取暴力手段收集证人证言，构成刑讯逼供罪或者暴力取证罪。因此，如果侦查人员采取前述两种方式实施取证行为，应当承当相应的刑事责任。可以说，通过对其进行刑事惩罚，一定程度上可以消除其再次实施非法取证行为的动机。相比较而言，程序性制裁是指如果取证主体实施了非法取证行为，则对其进行程序性处罚的一种制裁措施。该种制裁方式主要是以程序违法性为出发点，通过对行为人进行程序性处罚（宣告证据无效或者排除证据），以避免其再次采取此种方式实施取证行为。例如，《刑事诉讼法》第56条规定，如果取证主体在收集犯罪嫌疑人、被告人供述的过程中实施了刑讯逼供等非法方法，或者在收集证人证言、被害人陈述的过程中实施了暴力等非法方法，则该证据应当予以排除。由此可见，在刑事诉讼活动中，由于程序性制裁措施直接触及取证主体所获取的非法利益，因此，其制裁效果也最为明显。

在我国，程序性制裁制度经历从无到有，再到逐渐完善的发展过程。受到"重打击犯罪"思想的影响，尽管1979年《刑事诉讼法》第32条以及1996年《刑事诉讼法》第43条对采取刑讯逼供、暴力等非法手段收集证据的行为明确提出了禁止性要求，但是由于没有规定相应的制裁措施，该规定在司法实践中并未达到理想的效果。直到2010年"两个证据规定"以及2012年《刑事诉讼法》明确规定排除后果，至此，程序性制裁制度才得以确立。之后，随着一系列法律规定的出台[1]，程序性制裁制度也逐渐得以完善。不过，在进步之余，我们也不得不承认，立法者在对程序性违法行为处罚方面的态度仍较为保守，"合理补正""合理解释"等证明文件往往成为非法证据进入法庭以致最终成为定案根据的"通行证"。而这种大开"绿灯"的直接后果必然是助长程序性违法行为的进一步滋生与蔓延。正如前文所述，毒树之果规则适用的前提是先前非法取证行为能够得以有效治理，因此，程序性制裁制度的完善与否，直接关涉毒树之果规则的适用效果。

而作为一种制裁方式，程序性制裁措施与非法取证行为的违法内容息息相关。违法内容是程序性制裁措施的基础，而违法内容以及违法程度不同，程序性制裁措施也应当有所差异。为了有效完善程序性制裁制度，有必要从非法取证行为的违法

---

[1] 例如，最高人民法院发布的《关于建立健全防范刑事冤假错案工作机制的意见》、"两高三部"联合颁布的《关于办理刑事案件严格排除非法证据若干问题的规定》等。

内容着手进行分析。就我国法律规定而言，在取证过程中，违法内容主要包括以下几个方面。

第一，取证主体违反法律规定，即作为证据的收集主体，在取证过程中必须满足一定的资质条件或者法律规定的其他条件，否则该证据将会因主体违法而不具有可采性。在刑事诉讼活动中，关于取证主体的限制性规定，主要存在于讯问、搜查、逮捕等取证程序中。例如，现行《刑事诉讼法》第118条第1款规定，讯问犯罪嫌疑人的工作只能由侦查人员进行，而且在讯问的时候，侦查人员不得少于二人。又如，《公安机关办理刑事案件程序规定》第222条、第223条规定，搜查活动应当由侦查人员进行，而且不得少于二人。由此可见，不管是在讯问犯罪嫌疑人还是在进行搜查的时候，如果执行主体不具备侦查人员的主体资质或者侦查人员少于二人，那么基于该行为所收集的证据因主体不合法而不具有可采性。例如，在我国，由于警力有限，警察在办案过程中往往需要辅警予以协助，但是由于辅警并不具有警察编制，因此，其不属于侦查人员的范畴。如果在办案过程中，一名在编警察与一名辅警共同实施了讯问行为或者搜查行为，则基于该行为而收集的证据不具有可采性。

第二，证据形式违反法律规定，即取证主体在提取证据或者固定证据过程中，违反了法律有关证据形式的限制性规定。例如，现行《刑事诉讼法》第122条规定，讯问结束时，侦查人员应当将讯问笔录交由犯罪嫌疑人进行核对，经核对无误的，应当由犯罪嫌疑人签名或者盖章，同时，侦查人员也应当进行签名。又如，《人民检察院刑事诉讼规则》第74条规定，如果检察机关对侦查机关收集证据的合法性存疑而要求其作出说明的,该说明材料应当由侦查人员签名并加盖单位公章。由此可见,如果讯问笔录或者说明材料不符合法律规定的形式要求,则该证据材料一般不具有可采性。

第三,取证程序违反法律规定,即取证主体所实施的取证行为违反了法律的程序性要求。一般而言,取证行为在违反程序性规定的情况下,其对被取证对象的合法权益并未造成直接的侵害,但是出于程序正义的考虑,为了规范取证行为,如果取证行为违反法定程序则应当对其予以制裁。例如,现行《刑事诉讼法》第138条第1款规定,侦查人员在进行搜查时,必须向被搜查对象出示搜查证。再如,《公安机关办理刑事案件程序规定》第198条规定,犯罪嫌疑人在看守所羁押期间,如果侦查人员需要对其进行讯问,则应当在看守所审讯室进行。因此,如果侦查人员的讯问活动没有遵守该规定,该供述内容一般应当予以排除。

第四,取证手段违反法律规定,即取证主体在取证过程中所采取的手段行为违反了法律规定。一般而言,取证手段违法主要表现为收集言词证据非法,包括采取刑讯逼供等非法手段获取犯罪嫌疑人供述以及采取威胁、暴力等非法手段获取被害人陈述、证人证言。在采取该手段收集证据的情况下,证据的取得违背了自愿性原则,而且被取证主体在肉体或者精神上往往遭受极大痛苦,因此,对于该证据一般应当予以排除。例如,现行《刑事诉讼法》第56条规定,如果证据是基于刑讯逼供、暴力、威胁等非法手段获取,则该证据应当排除。

针对上述四种违法内容，以违法行为是否直接侵犯被取证主体的人身权益为标准，可以将其划分为两种类型：一是直接对被取证主体人身权益造成侵害的违法内容，主要是指取证手段违反法律规定的情形；二是没有直接侵犯被取证主体人身权益，但是会对司法公正产生影响的违法内容，包括取证主体违法、证据形式违法以及取证程序违法。而针对不同类型，程序性制裁方式也存在差异：第一，对于前者而言，由于其侵害性更为严重，因此往往采取绝对排除的态度；第二，对于后者而言，因为其行为并未直接对被取证对象的人身权益造成损害，为了查明案件事实，一般可以进行补正或者进行解释，只有在补正不能或者解释不能的情况下，该证据才不具有可采性。司法实践表明，在采取绝对排除的程序性制裁措施的情况下，一定程度上可以对非法取证行为起到威慑作用，但是，在采取"补正或者解释不能时才予以排除"的程序性制裁措施的情况下，由于法律法规没有对"补正"或者"合理解释"所应当达到的证明标准作出明确规定，大量非法证据经由该方式得以"洗白"，"补正或者作出合理解释"实际上已经演变成为取证主体规避程序性制裁的有效途径，致使程序性制裁措施的适用效果大打折扣，而此时，随着非法证据的"洗白"，以该证据为线索又依法收集的其他证据是否属于"毒树之果"也将难以认定。

因此，为了保障毒树之果规则的有效运行，笔者认为，应当对我国程序性制裁制度进行完善。首先，对于采取非法手段收集的证据，应当进一步加强排除力度；其次，对于其他违法内容，为了实现程序性制裁效果，应当明确规定"补正""合理解释"的证明标准，即取证主体提供的证明取证行为存在合法性的材料只有在达到一定证明标准的情况下，才能认定为补正行为有效或者解释的内容具有合理性，否则该证据应当属于非法证据而予以排除。

CHAPTER 07 >> 第七章

毒树之果规则的前景展望

　　现代刑事诉讼司法理念要求在追求实体正义的同时，还应当注重对程序正义的保障。应当看到，毒树之果规则可以在源头上有效遏制非法取证行为，因此，构建毒树之果规则是实现程序正义的内在要求。正如前文所述，随着我国司法环境的转变，一方面为构建毒树之果规则提供了可行性基础；另一方面也推动着毒树之果规则的确立。当然，结合我国司法实际，毒树之果规则在实践中也可能会遇到一些问题，而如何有效解决这些问题则直接关涉毒树之果规则的适用效果。

第一节　毒树之果规则在司法实践中可能遇到的瓶颈

一、非法证据排除模式对毒树之果规则的影响

在域外司法活动中，证据的排除与否主要考虑两个因素：一是证据的取得是否违反宪法规定或者法律的强制性规定；二是证据的采纳是否会对程序公正性（或者司法公正性）产生不利影响。基于此，对非法证据的排除主要划分为两种模式：第一种模式，绝对排除，即如果证据的获取违反了宪法规定，或者违反了法律的强制性规定，则该证据应当予以排除，法官不享有自由裁量的空间；第二种模式，裁量排除，即如果证据的获取没有违反宪法规定，或者没有违反法律的强制性规定，但是采纳该证据可能会对程序公正性造成不利影响，此时法官可以在综合考量案件所涉罪行轻重、取证行为违法程度、司法公正性等因素的情况下，决定证据是否予以采纳，在该种模式之下，法官享有自由裁量权。可以说，这种以违宪性或法官自由裁量（而非依据证据属性）认定非法证据，以及对其予以排除的途径为毒树之果规则的适用提供了便利条件，具言之，排除非法证据便意味着取证行为严重违反了宪法规定或者影响了程序正当性，基于该非法证据又合法获取的"毒树之果"，尽管在取证形式上合法，但是由于先前非法取证行为的"毒性"较大，

其受到的"污染"程度也较为严重，因此，在非法证据被排除的情况下，"毒树之果"也自然应当予以排除。

但是就我国而言，根据 2010 年"两个证据规定"以及 2012 年《刑事诉讼法》的规定可知，我国非法证据的认定并非以违反宪法或者程序正义性因素为考量标准，而是依据证据属性将非法证据划分为：非法言词证据和非法实物证据。基于此划分标准，形成了有异于其他国家的非法证据排除模式：第一种模式，绝对排除，即对于非法言词证据，如果采取刑讯逼供等非法方法获取犯罪嫌疑人、被告人供述，或者采取威胁、暴力等非法方法获取被害人陈述、证人证言，则该言词证据应当予以排除；第二种模式，补正或者解释不能排除，❶ 即对于非法实物证据，如果采取违反法律规定的程序而取得物证、书证，但是

---

❶ 当然，有学者将非法实物证据的排除模式称为"裁量排除模式"，笔者认为这种观点值得商榷。因为"裁量排除模式"强调的是法官可以根据自己对案件性质、取证行为的违法程度、程序正义、司法公正等因素的认识决定排除证据与否，可以说在排除与否的问题上，法官享有一定的选择空间，犹如量刑幅度的选择，只要判处的刑期没有脱离法律的既定范围（最低刑期和最高刑期），至于具体判处多长时间的刑期，法官享有裁量选择的余地。但是就非法实物证据的排除而言，其处理结果只有两种情况：一是如果经过补正或者作出合理解释，则法官应当予以采纳；二是如果补正或者解释不能，则法官必须予以排除。尽管 2012 年《刑事诉讼法》第 54 条采用了"可能严重影响司法公正"的表述，看似赋予了法官自由裁量的空间，但是通过对该条整体内容分析可知，非法收集的实物证据是否严重影响司法公正，取决于能否对违反法定程序的行为作出补正或者合理解释，换言之，事后补正或者解释的行为直接决定违反法定程序所取得的实物证据对司法公正性的影响程度，也直接决定该非法实物证据的排除与否，立法者在赋予法官自由裁量权的同时，对其又予以了限制。由此可见，非法实物证据排除与否，并非基于法官自由裁量的结果，而是取决于证据的提供主体能否作出补正或者合理解释。由此可见，法官在处理非法实物证据的排除问题上，实际上是一种自由裁量权的"失能"，而非自由选择的结果。

能够进行补正或者作出合理解释，则该证据具有可采性，反之，如果补正不能或者不能作出合理解释，则该证据应当予以排除。由此可见，在我国，绝对排除模式的适用对象一般是非法言词证据，而补正或者解释不能排除模式的适用对象往往是非法实物证据。在这种排除模式之下，"毒树之果"可采性的审查认定活动也较为复杂（见图3）。

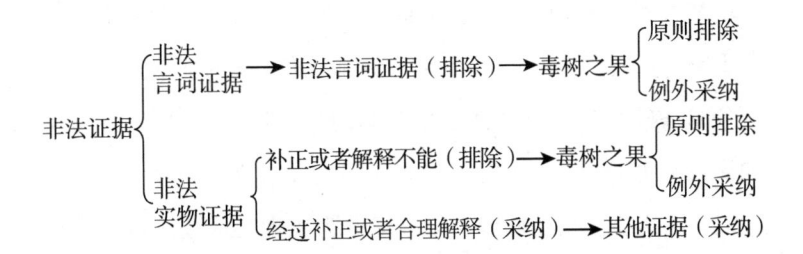

```
                  ┌─非法     ──→ 非法言词证据（排除）──→ 毒树之果 ┌─原则排除
                  │ 言词证据                                    └─例外采纳
非法证据 ─────────┤
                  │         ┌─ 补正或者解释不能（排除）──→ 毒树之果 ┌─原则排除
                  │ 非法    │                                      └─例外采纳
                  └─实物证据┤
                            └─ 经过补正或者合理解释（采纳）──→ 其他证据（采纳）
```

图3　我国非法证据排除模式对"毒树之果"可采性的影响

首先，在审查认定"毒树之果"可采性之前，需要以区分非法证据的证据属性为前提。正如前文所述，"毒树之果"的收集必须以非法证据提供的线索为基础。由于非法证据在不同证据属性的情况下其排除模式存在差异，而这种差异性直接影响"毒树之果"可采性的审查认定，因此，需要对非法证据的证据属性进行区分。如果作为线索的非法证据属于非法言词证据，那么以该非法言词证据为线索又依法收集的其他证据即为"毒树之果"，在非法言词证据被排除的情况下，除非符合例外规定，否则"毒树之果"也应当予以排除。例如，侦查机关采取刑讯逼供的方式获得犯罪嫌疑人供述，并且根据供述内容依法顺利地找到了作案凶器，由于收集方式违反了法律的禁止性规定，犯罪嫌疑人供述属于非法言词证据，因此在排除犯罪嫌疑人供述的同时，基于该供述获取的作案凶器（"毒树之果"）也应当一并予以排除。而如果作为线索的非法证据属于非法实物证据，那么以该非法实物证据为线索又依法收集的其他证据是否属于"毒树之果"并不能直接予以认定，还需要进行区分对待。因此，在审查认定"毒树之果"之前，需要事先对非法证据的证据属性进行准确区分。

其次，非法实物证据能否得到有效补正或者合理解释，直接影响"毒树之果"的可采性。在对非法证据的证据属性进行区分的基础上，按照毒树之果规则理论，对于非法实物证据，如果该非法实物证据未能得到有效补正或者合理解释，则在排除该非法实物证据的同时，以该证据为线索又依法取得的其他证据即为"毒树之果"，除非符合例外规定，否则也应当一并予以排除；而如果非法实物证据得到了有效补正或者合理解释，则非法实物证据便具有可采性，那么以该证据为线索又依法取得的其他证据不属于"毒树之果"，不适用毒树之果规则，在符合证据能力其他要件（如客观性、关联性）的情况下，也同样具有可采性。

总而言之，在我国非法证据排除模式之下，非法言词证据与非法实物证据在证据属性上的差异性不仅直接决定该非法证据本身的可采性问题，也影响"毒树之果"可采性的审查认定。

二、取证主体变更带来的问题

在刑事诉讼活动中，依据是否享有国家公权力为标准，取证主体可以划分为两种类型。一是享有国家公权力而实施调查取证活动的机关，包括侦查机关、检察机关、监察机关和审判机关，而侦查机关最为普遍。如公安机关为查明案件事实，在办案过程中收集证据。二是不享有国家公权力，但是可以实施调查取证活动的主体，为了与国家公权力机关相区别，因此可以将其统称为"私人取证主体"。如辩护律师可以在办案过程中收集证据；又如，当事人为实现诉讼目的也可以实施取证行为。作为证据排除规则兴盛地，美国主流观点认为，警察实施非法取证行为，除了有国家公权力外，其非法取证的情形非常普遍，而且缺乏有效的法律机制予以遏制，因此需要运用证据排除规则进行钳制。而私人非法取证的情形则不同，不仅没有公权力的介入，而且不具有普遍性，通过其他途径完全可以实现阻吓效果。❶

可见，传统上证据排除规则的创设初衷在于规制国家公权力的行使，而非规范私人行为。因此，国家公权力机关非法收集的证据一般不具有可采性，而对于私人非法收集的证据，则往往具有可采性。在该理论的影响之下，作为证据排除规则的重要内容，毒树之果规则也主要适用于国家公权力机关的取证行为。不过，该理论以"单一取证主体"为前提假设。由此可见，该理论在双轨制证据调查制度中具有一定的生存空间，因为在该制度之下，"证据调查活动由诉讼双方的证据调查人员分别进行，官方的证据调查服务于公诉方，私人或民间的证据调查服务于辩护方"，❷而且控辩双方在刑事诉讼活动中享有平等

---

❶ 王兆鹏：《美国刑事诉讼法》，北京大学出版社2014年版，第46页。
❷ 何家弘：《亡者归来：刑事司法十大误区》，北京大学出版社2014年版，第243页。

的调查取证权，因此，在调查取证权得以充分保障的情况下，控辩双方可以完全依靠各自的力量开展调查证据活动，这就使得控辩双方之间很少涉及线索转移的问题，而"毒树之果"可采性的审查认定也较为容易。

不过，由于我国实行单轨制证据调查制度，调查取证权几乎由享有国家公权力的侦查机关、检察机关、监察机关"垄断"，辩护方则只享有有限的调查取证权，在此情况下，线索转移问题比较普遍。司法实践表明，造成线索转移的原因主要表现在以下几个方面。第一，辩护律师取证权受到限制，为了获取证据，必须寻求公权力机关的协助。例如，现行《刑事诉讼法》第43条第1款规定，辩护律师在向证人取证时，需征得证人同意。由此可见，在不享有强制取证权的情况下，一旦辩护律师的取证请求遭到拒绝，其只能将线索转移给检察院、法院，申请由后者代为收集、调取。第二，辩护律师为规避调查取证过程中可能涉及的职业风险，往往转而求其次，将收集证据的线索转交给公权力机关，由后者进行收集。有学者调查数据显示，"律师向办案机关已经调查过的证人进行调查，办案机关不干涉的仅占8.9%，办案机关明确阻止的占11.4%，证人害怕不接受调查的占25.2%，律师自身因职业风险，不敢对这类证人调查的占54.5%"。❶ 由此可见，辩护律师转移线索、申请由公权力机关收集证据亦是无奈之举。第三，如果案件涉及公诉转自诉，也会存在线索转移的问题。《最高人民法院关于适用〈刑

---

❶ 甄贞等："检察机关保障律师刑事辩护权利机制研究"，载《人民检察》2015年第4期。

事诉讼法〉的解释》第219条规定，如果法院在审理公诉案件的过程中发现案件属于自诉案件，则应当将案件退回检察机关，并告知被害人可以提起自诉。此时案件就由公诉转化为自诉，而相关证据（包括线索）也由公诉机关转移到自诉案件的当事人。

事实上，在刑事诉讼案件中，伴随着线索的转移，取证主体也发生着变更，正是由于这种主体上的变更，使"毒树之果"可采性的审查认定也较为复杂。首先，如果私人取证主体在非法获取某证据之后，又将该证据转移给公权力机关，并且后者基于该证据提供的线索又依法取得了其他证据，此时，该"其他证据"是否属于"毒树之果"？其可采性如何？其次，如果公权力机关在非法获取某证据之后，因案件性质由公诉转为自诉，相关证据在转移给私人取证主体之后，后者以该证据提供的线索又依法收集了其他证据，此时，该"其他证据"是否属于"毒树之果"？其可采性又应当如何？由此我们看到，我国单轨制证据调查制度直接催生了线索转移的问题，而取证主体的变更又为"毒树之果"可采性的审查认定增添了复杂性。

为解决上述问题，避免司法实践中在审查认定"毒树之果"的可采性时产生不必要的困惑，笔者认为，如果按照传统理论，证据排除规则的功能仅限于规制国家公权力机关的取证行为，不规范私人取证主体的取证行为，事实上，等同于在鼓励私人取证主体采取非法行为获取证据。鉴于此，立足于我国司法实际，证据排除规则的功能应当在于规范包括国家公权力机关和私人取证主体在内的取证行为，而在此基础之上，即使取证主体发生变更，如果作为线索的非法证据被排除，那么对于以该非法证据为线索继而又依法取得的"其他证据"，不管其取证主体是否与前者同一，该"其他证据"即为"毒树之果"，如果符合排除条件，应当予以排除。

第二节　构建毒树之果规则将成为必然趋势

在刑事诉讼活动中，"毒树之果"作为一个"顽疾"，如果无法有效解决其可采性问题，将会直接影响司法活动的公正性。域外实践表明，"毒树之果"可采性的问题越来越受到不同国家的重视，特别是美国，作为毒树之果规则的诞生地，该规则经历了从确立到逐渐完善的发展过程。当然，毒树之果规则能否在刑事诉讼制度中得以确立，其与各个国家的司法环境紧密相关，只有在司法环境满足一定条件的情况下，才能够为构建毒树之果规则提供现实基础。

就我国而言，笔者认为，构建毒树之果规则将成为必然趋势。党的十八届四中全会通过的《全面依法治国决定》明确提出，要实现非法取证行为的源头性治理效果。此外，2020年12月，中共中央办公厅印发了《法治社会建设实施纲要（2020—2025年）》，强调要"加强对非法取证行为的源头预防……有效防范和纠正冤假错案"。应当看到，之所以继2010年"两个证据规定"确立非法证据排除规则之后又着重强调非法取证行为的源头性治理，原因在于，尽管我国确立了非法证据排除规则，但是其实施效果并不理想,非法取证行为仍然屡禁不止。实践表明,采纳"毒树之果""重复性供述"往往成为"鼓励"取证主体继续实施非法取证行为的"动力",收集"毒树之果""重复性供述"就成为规避非法证据排除规则的有效途径,以至于非法证据排除规则在实践中处于一种被架空的困境。为了在源头上遏制非法取证行为,充分发挥非法证据排除规则的实效性,《全面依法治国决定》对非法取证行为的源头性治理明确提出了改革要求,以彻底遏制非法取证行为的滋生。为了落实《全面依法治国决定》提出的改革要求,2017年6月27日由"两高三部"联合出台的《严排规定》明确规定了"重复性供述排除规则",弥补了"重复性供述"可采性认定问题上存在的漏洞。可以说,这是我国非法证据排除规则在其完善进程中取得的又一阶段性进步。

不过,正如前文所述,除了"重复性供述"以外,"毒树之果"也是架空非法证据排除规则的又一"漏洞"。因此,为了践行《全面依法治国决定》《法治社会建设实施纲要(2020—2025年)》提出的改革要求,真正实现非法取证行为的源头性治理效果,构建毒树之果规则将成为必然选择。

参考文献

著作类

［1］何家弘. 毒树之果——美国刑事司法随笔［M］. 北京：中国人民公安大学出版社，1996.

［2］陈瑞华. 比较刑事诉讼法［M］. 北京：中国人民大学出版社，2010.

［3］约翰·W. 斯特龙. 麦考密克论证据［M］. 汤维建，等译. 北京：中国政法大学出版社，2004.

［4］何家弘. 毒树之果［M］. 北京：大众文艺出版社，2003.

［5］约书亚·德雷斯勒，艾伦·C. 迈克尔斯. 美国刑事诉讼法精解［M］. 吴宏耀，译. 北京：北京大学出版社，2009.

［6］王兆鹏. 美国刑事诉讼法［M］. 北京：北京大学出版社，2014.

［7］美国联邦宪法第四修正案：非法证据排除规则［M］. 吴宏耀，等译. 北京：中国人民公安大学出版社，2010.

［8］国际刑法大会决议［M］. 赵秉志，等编译. 北京：中国法制出版社，2011.

［9］ 宋世杰，等. 外国刑事诉讼法比较研究［M］. 北京：中国法制出版社，2006.

［10］ 克劳思·罗科信. 刑事诉讼法［M］. 吴丽琪，译. 北京：法律出版社，2003.

［11］ 德国刑事诉讼法典［M］. 宗玉琨，译. 北京：知识产权出版社，2013.

［12］ 宋英辉，孙长永，刘新魁，等. 外国刑事诉讼法［M］. 北京：法律出版社，2006.

［13］ 何家弘，刘品新. 证据法学［M］. 北京：法律出版社，2013.

［14］ 澳大利亚联邦证据法［M］. 王进喜，译. 北京：中国法制出版社，2013.

［15］ 林钰雄. 干预处分与刑事证据［M］. 北京：北京大学出版社，2010.

［16］ 宋英辉，汤维建. 证据法学研究述评［M］. 北京：中国人民公安大学出版社，2006.

［17］ 卡斯东·斯特法尼，等. 法国刑事诉讼法精义（上）［M］. 罗结珍，译. 北京：中国政法大学出版社，1998.

［18］ 理查德·梅. 刑事证据［M］. 王丽，等译. 北京：法律出版社，2007.

［19］ 齐树洁. 英国证据法［M］. 厦门：厦门大学出版社，2014.

［20］ 卞建林，刘玫. 外国刑事诉讼法［M］. 北京：中国政法大学出版社，2008.

[21] 贝尔纳·布洛克. 法国刑事诉讼法 [M]. 罗结珍, 译, 北京: 中国政法大学出版社, 2009.

[22] 戴长林, 罗国良, 刘静坤. 中国非法证据排除制度: 原理·案例·适用 [M]. 北京: 法律出版社, 2016.

[23] 施鹏鹏. 法律改革, 走向新的程序平衡? [M]. 北京: 中国政法大学出版社, 2013.

[24] 杰奎琳·霍奇森. 法国刑事司法: 侦查与起诉的比较研究 [M]. 北京: 张小玲, 等译, 中国政法大学出版社, 2012.

[25] 日本刑事诉讼法律总览 [M]. 张凌, 于秀峰, 编译. 北京: 人民法院出版社, 2017.

[26] 陈瑞华. 程序性制裁理论 [M]. 北京: 中国法制出版社, 2017.

[27] 何家弘. 亡者归来: 刑事司法十大误区 [M]. 北京: 北京大学出版社, 2014.

[28] 杨宇冠, 等. 非法证据排除规则在中国的实施问题研究 [M]. 北京: 中国检察出版社, 2015.

[29] 卞建林. 现代司法理念研究 [M]. 北京: 中国人民公安大学出版社, 2012.

[30] 胡建淼. 行政法学 [M]. 北京: 法律出版社, 2015.

[31] 李玉华, 等. 诉讼证明标准研究 [M]. 北京: 中国政法大学出版社, 2010.

[32] 何家弘. 短缺证据与模糊事实: 证据学精要 [M]. 北京: 法律出版社, 2012.

［33］陈瑞华. 刑事证据法学［M］. 北京：北京大学出版社，2014.

［34］卞建林. 刑事证明理论［M］. 北京：中国人民公安大学出版社，2004.

［35］杨宇冠，等. 非法证据排除规则在中国的实施问题研究［M］. 北京：中国检察出版社，2015.

［36］毕玉谦，等. 证据制度的核心基础理论［M］. 北京：北京大学出版社，2013.

论文类

［1］卞建林. 我国非法证据排除的若干重要问题［J］. 国家检察官学院学报，2007（1）.

［2］陈光中，郑曦，谢丽珍. 完善证人出庭制度的若干问题探析——基于实证试点和调研的研究［J］. 政法论坛，2017（4）.

［3］陈瑞华. 非法证据排除规则的中国模式［J］. 中国法学，2010（6）.

［4］陈卫东. 确立非法证据排除规则遏制刑讯逼供［J］. 人民检察，2007（23）.

［5］陈卫东. 以审判为中心要强化证据的认证［J］. 证据科学，2016（3）.

［6］韩旭. 新《刑事诉讼法》实施以来律师辩护难问题实证研究——以S省为例的分析［J］. 法学论坛，2015（3）.

［7］江必新. 论司法自由裁量权［J］. 法律适用，2006（11）.

[8] 刘根菊. 沉默权与严禁刑讯逼供 [J]. 法律科学, 2000 (4).

[9] 刘宪权. 克减冤假错案应当遵循的三个原则 [J]. 法学, 2013 (5).

[10] 兰跃军. 论言词证据之禁止——以《德国刑事诉讼法》为中心的分析 [J]. 现代法学, 2009 (1).

[11] 龙宗智. "以审判为中心"的改革及其限度 [J]. 中外法学, 2015 (4).

[12] 齐树洁. 英国刑事证据制度的新发展 [J]. 河南司法警官职业学院学报, 2003 (1).

[13] 任桂芬, 王晨. 国外非法证据排除规则及其对我国的启示 [J]. 法律适用, 2008 (4).

[14] 田文昌. 走马观花欧洲行——欧洲六国证据立法和司法制度考察随笔 [J]. 中国律师, 2001 (6).

[15] 汪海燕. 论美国毒树之果原则——兼论对我国刑事证据立法的启示 [J]. 比较法研究, 2002 (1).

[16] 汪建成. 中国需要什么样的非法证据排除规则 [J]. 环球法律评论, 2006 (5).

[17] 万毅. 关键词解读——非法证据排除规则的解释与适用 [J]. 四川大学学报（哲学社会科学版）, 2014 (3).

[18] 杨宇冠. "毒树之果"理论在美国的运用 [J]. 人民检察, 2002 (7).

[19] 甄贞等. 检察机关保障律师刑事辩护权利机制研究 [J]. 人民检察, 2015 (4).

判例类

1. Silverthorne Lumber Co., Inc. v. United States, 251 U. S. 385 (1920).

2. Illinois v. Gates, 462 U. S. 213 (1983).

3. United States v. Calandra, 414 U. S. 338 (1974).

4. Wong Sun v. United States, 371 U. S. 471 (1963).

5. United States v. Ceccolini, 435 U. S. 268 (1978).

6. Nix v. Williams, 467 U. S. 431 (1984).

7. Nardone v. United States, 302 U. S. 379 (1937).

8. Murray v. United States, 487 U. S. 533 (1988).

9. Chalmers v. HM Advocate (1954) JC 66. 81.

10. Brown V. Illinois, 422 U. S. 590 (1975).

11. Michigan v. Tucker, 417 U. S. 433 (1974).

12. HM Advocate v. P (2011) UKSC 44.

13. ECHR, Gäfgen v. Germany, no. 22978/05 (2008).

14. Lawrie v. Muir (1950) JC 19.

15. Kuruma v. The Queen, (1955) A. C. 197.

16. R. v. Wray, (1971) S. C. R. 272.

17. Nardone v. United States, 308 U. S. 338 (1939).

18. New York v. Harris, 495 U. S. 14 (1990).

19. ECHR, Al-Khawaja and Tahery v. the United Kingdom, no, 26766/05 and 22228/06 (2009).

20. ECHR, Dragos Ioan Rusu v. Romania, no, 22767/08 (2017).

21. ECHR, Agnelet v. France, no. 61198/08 (2013).